유랑인연 流浪因緣

샘문시선 1066
한용운문학상 수상 기념시집
정승기 감성시집

K-poetry

이별이었다

울고 있는 언 발을
누군가 다가와
따스한 물에 담가
언 발을 녹여 주었다

사랑이었다
⟨정의定義, 일부 인용⟩

사랑이란 진흙 속에 빠져
쉽게 발을 뺀 사람은 축복일 테지만

그 속에 허우적거리며
빠져나오지 못한 사람은 형벌이겠지

그래서 함부로
사람 마음속에 들어가는 게, 아니야
⟨축복과 형벌, 전체 인용⟩

책 갈이, 그것은 끝맺음이 아닌
또 다른 시작 하나의 이야기가 다른 이야기로
이어지는 끝없는 여정의 중간쯤,

새로운 책 속에 잠기며
과거와 미래를 잇는 다리가 되어
내 마음은 다시, 한 번 두근거림으로 가득 찬다
⟨시인의 책 갈이, 일부 인용⟩

_____ 님께

_____ 년   월   일

_____ 드립니다.

도서출판 샘문

한용운문학상 수상 기념시집

유랑인연

정승기 감성시집

여는 글

    만년필 펜촉이 종이를 긁는 마찰의 촉감과 사각거리는 소리에 이끌려 시작한 詩와 노랫말의 필사 그렇게 쌓인 글이 어느덧 3,500여 편, 울림과 감동 속에서 나는 시인의 생애를 더듬고 그 삶을 통과한 시색詩色의 결을 마주했다.
    그러던 어느 날, 나도 나만의 글을 써야겠다는 다짐이 꽃처럼 피어났다.

    그 다짐은 곧 창조와 잉태의 선언이었고, 동시에 시인이라는 비극적 업業이 시작되었다. 시어詩語와 문장 속에 산다는 건 불가항력적 중독이며 허우적거리는 비련이었다. 하지만 결국 글을 쓴다는 건, 영혼 속 내면의 소리를 손끝으로 전하는 과정이었다.

    어떤 시는 20분 만에 태어났고, 어떤 시는 제목 하나 붙이느라 일주일을 고민해야 했다. 절필을 선언하고도 사흘 못 가서 다시 펜을 든 옛 선현들의 심정을 이제는 이해할 수 있을 것 같다.

    이제 남은 숙제는 이 시들을 어떻게 독자들한테 선을 보일까가 문제였다.
    첫 시집을 준비하는 시인의 혼란일까?
    아니면 모든 시인이 겪는 진통일까?

여는 글

하나하나 애틋하고 사랑스러운 시들을 예쁜 옷을 입혀서 독자들에게 소개한다는 것은 결코 쉬운 일이 아니었다.

유랑인연流浪因緣

인간의 관계도 자연의 한 개체로서 자연에 이치에 순응하여 순환하는 것임을 이야기하고 싶었다. 인연은 억지로 맺어지는 것이 아니라, 바람처럼 물처럼 찾아와서 스치며 머물다가는 흐름이다. 잠시 만남이 있었고, 다시 흩어짐과 아우름이 있으며, 그 모든 것이 자연스러운 순리이고 "유랑"이며, "인연"이었다.

이번 시집은 다섯 개의 부로 나뉘었다.
1부부터 4부까지는 불교의 팔고八苦 가운데 사랑하는 이와의 이별로 인한 고통인 애별리고愛別離苦를 중심으로 사랑과 이별, 그리움과 죽음의 고통을 담았다.
그리고 5부에서는 가족과 벗의 믿음, 그리고 신神에 대한 믿음과 귀의歸依의 감정을 담았다.

시 창작의 고통을 이렇게 마음속으로 남겨본다.
"고뇌 속에 몸부림치는 시인이여!
문장 하나로 한 끼를 연명하는 슬픈 짐승이여!
도살屠殺 되고 참수斬首 되는 피륙 같은 시어들을 어찌할꼬"

끝으로 이 시집의 빛을 함께 밝혀주신 샘문그룹 시인 이정록 교수님께 감사를 드립니다. 그리고 애써주신 도서출판샘문(샘문시선)에 편집부, 출판부 관계자분들께도 감사드리며. 그리고 평론을 맡아 주신 손해일 문학박사님께도 깊은 감사의 말씀 드립니다.

끝으로, 항상 위로해주고 응원해 주는 우리 가족들에게 이 지면을 빌어 고맙다는 말을 전합니다. 지구 여행길에서 만나 지금까지 희노애락을 같이했던 친구들과 지인 여러분, 그리고 문인 여러분들께도 감사드리며, 첫 시집 〈유랑인연〉 출간의 기쁨을 같이하겠습니다.

이 책이 당신의 인연이 잠시 머물다 흩어지더라도 다시 모여드는 바람과 바다가 되기를 진심으로 바랍니다. 감사합니다.

2025. 07. 03.
희망의 바다에서 시인 **정승기** 드림

> 평 설

불교적 사유와 능란한 시어 구사 시편

- 손해일(시인, 문학박사, 국제펜한국본부 제35대 이사장)

1. 머리말

정승기 시인의 첫 시집 『유랑인연』 발간을 진심으로 축하드린다. 특히 한용운문학상 기념 '감성시집'이라고 명기한 것은 이 시집이 '이성'보다는 '감성' '감정'에 특화되어 있음을 암시한다. 여는 글에서 정승기 시인(이하 정시인)은 "나만의 글을 써야겠다는 다짐이 꽃처럼" 피어나 "시인이라는 비극적 업業"을 시작했다고 술회한다. 즉 시어와 문장 속에 산다는 것은 "불가항력적 중독이며, 허우적거리는 비련"이므로 창작의 기쁨보다는 '산고産苦'의 고통을 강조하고 있다. 이번 첫 시집을 내는 비장한 의미와 역설적 기쁨을 말하고 있다.

흔히 시를 "말하기 시"와 '보여주기 시'로 나누기도 한다. 전자는 시를 대화처럼 설명하고 서술하여 감정에 호소하는 시이며, 후자는 설명 대신 비유와 상징으로 그림처럼 보여주는 시를 말한다. 정시인의 이번 시집은 '말하기 시'에 속하므로 쉽게 읽힌다. 시가 길고 짧음은 있지만, 표현된 행간의 의미를 음미하는 게 요점이라고 생각한다.

필자는 정시인의 이번 시집 특징을 한마디로 "불교적 사유와 능란한 언어 구사의 묘미"라 규정하고 논의를 시작한다.

2. 불교적 사유와 '애별리고'의 세계

이번 시집 제목 『유랑인연』이나, 각 장의 주제를 '애별리고愛別離苦'로 나누어져 있음은, 정시인이 불교적 사유를 바탕으로 시를 쓰고 있음을 말해준다.

일반적 의미의 '유랑流浪' 또는 '방랑放浪'은 정해진 거처가 없이 떠돌아다니는 무숙 상태를 의미한다. 이 시집에서는 '자유로운 영혼'의 '노마드nomad적' 감성이 풍부함을 암시한다.

'애별리고愛別離苦'는 불교의 팔고8苦 가운데 하나이다. 부연하자면 사고四苦는 (1) 생고生苦 : 출생으로 인한 고통, (2) 노고老苦 : 늙음으로 인한 고통, (3) 병고 : 질병으로 인한 고통, (4) 사고死苦 : 죽음의 공포와 이별이다.

여기에 네 가지 고통 (1) 애별리고愛別離苦 : 사랑하는 사람과의 이별로 인한 고통, (2) 원증회고怨憎會苦 : 원망하고, 미워하는 사람과의 만남으로 인한 고통, (3) 구부득고求不得苦 : 권력, 재물, 사랑 등 원하는 것을 얻지 못하는 고통, (4) 오온성고五蘊盛苦 : 오온五蘊(색, 수, 상, 행, 식)의 집착으로 인한 정신적 고통 등을 더하여 '팔고八苦'라고 한다.

장드리 부뤼에르는 "세상은 느끼는 자에겐 비극이며, 생각하는 자에겐 희극"이라고 했는데, 불교의 '팔고八苦'는 느끼는 자의 고통이라 하겠다. 정시인이 특히 '애별리고愛別離苦' 즉 '사랑하는 사람과의 이별로 인한 고통'을 강조하는 것은, 이 시집의 분위기가 감성 위주임을 말해준다. 정시인의 각 챕터 나눔 순서대로 몇 작품씩 살펴본다.

평 설

제1부 사랑 애愛

'애별리고'의 첫째는 사랑의 고통이다. 기독교에서는 "믿음, 소망, 사랑" 중 으뜸은 '사랑'이라고 강조한다. "사랑이란 다른 사람이나 대상에 애정과 관심을 갖고 그 존재 자체를 소중히 여기는 감정"이다. 사랑을 고통으로 여기는 불교와, 축복으로 여기는 기독교를 비교하면 아이러니요, 역설적이다.

고대 그리스 철학자들은 사랑을 일곱 가지로 분류했다. (1) 에로스 : 육체적, 열정적 사랑, (2) 필리아philia : 우정, 동료애, (3) 스토르게storge : 가족 간의 사랑 (4) 아가페agape : 무조건적, 헌신적 사랑, (5) 루두스ludus : 놀이 같은 사랑 (6) 프라그마pragma : 실용적 사랑, (7) 필라우투아philautia : 자기 존중, 자기애 등이다. 이 시집에서는 남녀 간의 에로스적 사랑을 주된 모티브로 하고 있다.

> 죄를 지었습니다/ 들판에 너무나 아름다운 꽃 한 송이에 반해/
> 뿌리째 뽑아서 집 화분에 심었습니다/
> 꽃이 당신을 닮았다는 이유였습니다/
> 꽃이 시름시름 앓습니다/ 꽃도 당신처럼 떠나겠지요
>
> —「애별리고愛別離苦」 전문

이 작품에서 "애별리고"는 꽃=당신이라는 등가관계입니다. 너무나 아름다워서 꺾어온 꽃이지만, '떠난 당신처럼' 시들면 버려져야 하는 것이 안타까운 숙명이다

> 첫눈이 내립니다
> 눈雪은 나의 발에 밟히고
> 당신은 나의 눈目에 밟힙니다
> 당신도 나의 첫눈인가요?
>
> —「첫눈」 전문

짧은 이 작품에서도 눈雪과 눈目을, '발에 밟힌다'와 '눈에 밟힌다'로 언어유희를 하며, "당신도 나의 첫눈인가요?"라고 반문한다.

> 그대 향한 사랑과 그리움은/ 태초 이래 시작된 처음과 끝이라
> 그 어떤 신神도 만물의 무한함을/
> 인간의 사랑에 비교하지 말지니//
> 사랑은 무한無限과 영원永遠/ 시간과 공간을 넘어 존재하리라
> 이 순간을 영원으로 기억하리니/
> 우리의 사랑은 끝없는 서사敍事가 되리라
>
> -「영원의 서사」 일부

그대를 향한 그리움과 사랑은 "태초의 처음과 끝"이다. "그 어떤 신도 인간의 사랑에 비교하지 말라" "우리의 사랑은 끝없는 서사가 되리라"라며 사랑의 절대적 가치를 강조합니다. 무조건 사랑 지상주의자이다.

> 시인의 시詩를 시류詩流에 흘려보내도/
> 흐르지 않는 것이 있습니다
> 그것은 당신을 향한 애증뿐입니다./ 아. 어찌할까요?
> 슬픔이라 쓴 우리의 표석이/ 산산이 부서집니다
> 재빨리 사랑이라 첨삭합니다
>
> -「가을의 시류」 일부

흐르지 않는 것은 "당신을 향한 애증뿐"이며, 슬픔 대신 "사랑"으로 대체한다. 성경에서 '믿음, 소망, 사랑' 중 제일은 '사랑'이라 한 것과 같다.

> 어두운 절망 속에서/ 빛으로 다가오신 그대여/
> 그대는 누구신가요?/ 환한 봄꽃으로 다가오신 여인이여/
> 당신이 꽃을 피우라 하시면/
> 저는 꽃을 피우며 당신을 반기겠습니다//

평 설

언젠가 만나겠다 하시면/ 나는 그곳에서 기다리겠습니다/
나는 당신을 노래합니다/
나는 당신을 위한 찬미讚美의 시詩를 씁니다//
나의 여왕이시여, 나의 창조자시여/
당신 아래 피조물이 무릎을 꿇습니다/
사랑 아래 두려울 것이 없습니다/
도대체 당신은 누구신가요?//

- 「당신은 누구신가요?」 일부

그대는 누구신가요? "절망 속에서 빛으로 다가오신 그대" "환한 봄꽃의 여인"이다. 그대가 꽃을 피우라면 피우고, 떠나겠다면 기다리고, 당신을 노래하고, 찬미의 시를 씁니다. 사랑 아래 두려움이 없다고 한다.
 "사랑이라는 돌덩어리를 밀며/ 매일 같이 산봉우리 정상을 향하지만 언제나 그 돌을 밀어내는 것은 당신뿐/ 끝없는 시지프스의 형벌. 정승기 「서시」 일부"이다.

당신이 창조한 사랑을/ 너무 오래 방치하지 마세요/
사랑도 오래 두면 변질이 돼요/
사랑을 보관할 때는 끓여서 냉동실에 넣어요/
그래야 그 사랑이 오래갑니다//
당신이 만든 사랑을 오래 방치하지 마세요/
사랑이 오래가려면 한 번씩은 충전을 해두세요//
당신이 만든 사랑을 녹슬게 하지 마세요/
오래된 사랑은 한 번씩 기름을 뿌려 주세요/
유통기한 내에 사랑을 가끔 꺼내서 확인하세요/.
사랑의 제조 일자는 없어도/ 유통기한은 있답니다

- 「사랑 유통기한」 일부

사랑에도 유통기한이 있다는 발상과 비유가 신선하다. 당신이 창조한 사랑을 오래 방치하지 말라. 변질된다. 사랑이 오래가도록 보관할 때는 끓여서 냉동실에 넣어라. 한 번씩 충전도 해라. 한 번씩 기름도 뿌려 주고, 가끔은 꺼내서 확인도 해보라고 권면합니다. 사랑에 제조 일자는 없어도/ 유통기한은 있기 때문입니다.

메마른 가지에/ 쭈그렁 그리움 하나가 매달려 있습니다//
긴 밤 지새우며 기다리는 애틋함에/
마침내 그리움의 마음을 이해할 수가 있었습니다
사람으로 태어나서 슬픕니다/
본디 당신의 사람으로 태어났기 때문입니다
이 겨울, 내 사랑이 얼지 않기를/
부디 내 사람이 얼지 않기를 기도합니다

- 「내 사랑이 얼지 않기를」 일부

메마른 감나무 가지에 남겨진 까치밥처럼, "그리움 하나가 매달려 있습니다" 본디 당신의 사람으로 태어났기에 태어남 자체가 슬픔입니다. 그럼에도 부디 내 사랑이 얼지 않기를 기도합니다.

제2부 헤어질 별別

우리 인생에서 만남과 헤어짐, 즉 '회자정리會者定離'는 숙명이다. 만물은 유전하고 우리 생명 또한 유한하기 때문이다. 공간적인 이별, 시간적인 이별, 늘 같이 있어도 사랑 없는 정신적 이별 등이다. 대부분 직설적인 '이야기 시'들이므로 간단한 멘트만 붙인다.

환승역은 언제나 슬픔이 모이는 곳
비탄과 눈물에 몸부림치는 군상群像들의 눈물에
쇳덩이 궤도조차 무뎌진다

만남의 사랑, 떠나는 이별
그리고 환승 이별을 예고하는 진행형 이별
이별의 당사자만큼 더욱 비참한 것은 없었다

- 「환승역, 환승 이별」 일부

평 설

　환승역은 탑승객이 행선지를 바꾸어 갈아타는 역이다. 만남과 이별이 교차하는 곳이다. 이 시의 퍼스나가 인식하는 환승역은 "언제나 슬픔이 모이는 곳"이며, 그 눈물에 쇳덩이 궤도조차 무너진다. "만나는 사랑" "떠나는 이별"이 교차하는 환승역에선 이별의 당사자가 가장 비참하다고 생각한다.

　　사랑은 거북이처럼 다가왔다가/ 이별은 도적처럼 떠나갔다//
　　그리워해도/ 그리워해도/ 닿을 수 없는 나의 애처로움이여!//
　　사랑이 죽던 날/ 나의 애처로움도/ 당신과 함께 묻어야 했다//
　　애처로움의 무덤에는 풀 한 포기,/
　　꽃 한 송이 자라지 못하는 폐허였다//
　　어둠은 언제나 죽은 간절꽃의 무덤/

　　　　　　　－「애처로운 간절꽃」일부

　사랑은 거북이처럼 왔다가 이별은 도적처럼 떠나갔다. "사랑이 죽던 날/ 나의 애처로움도 당신과 함께 묻어야 했다." '간절꽃'이 상상인지, 실제 꽃인지는 알 수 없으나, "어둠은 언제나 간절꽃의 무덤"이다.

　　눈이 수북이 쌓인 간이역을 들어간/ 한 쌍의 발자국,//
　　되돌아 나오는 길은/ 외쪽의 발자국만 선명하다/...
　　간이역에 이별을 두고 왔지만/
　　여전히 몸과 마음은 슬픔이 짓누른다//
　　아뿔싸!/ 이별의 그림자를 데리고 왔구나!

　　　　　　　－ 간이역에 이별을 내려놓고」일부

　간이역과 이별이라는 셋팅 설정은 약간 신파조이다. 눈이 수북이 쌓인 간이역에 한 커플이 들어갔으나 나올 땐 한쪽 발자국만 찍혔다. 이별을 내려놓고 왔지만, 몸과 마음이 아직도 슬픈 건 '이별의 그림자'를 데려왔기 때문이다.

강물에 흘러가는 인연 하나가/ 잠시 머물러 숨 고르기를 한다//
내게로 멈춘 사람의 사랑은/ 언제나 종착점으로 믿었다//
나는 그대에게 나무가 되고,/
큰 산이 되고 행복의 화목제가 되어도/
유랑하던 당신의 사랑은/ 내게 머물러 주지 않았다//
사람이, 사랑이 또 흘러간다/
찰나刹那의 유랑 인연은 상처가 되고,/
흔적이 되어/ 영겁永劫의 슬픔으로 남는다//

- 「유랑인연 1」 전문

정시인이 서두에서 강조하던 주제가 '유랑인연'이다. "인연이란 억지로 맺어지는 것이 아니며, 바람처럼 물처럼 찾아와서 스치며 머물다 가는 흐름"이라 규정한다. "잠시 만남이 있었고, 다시 흩어짐과 아우름"이 있었기에 '유랑인연'이라는 것이다. "강물에 흘러가는 인연 하나가/ 잠시 머물러 숨 고르기를 한다." 내가 나무요, 산이요, 큰 화목제가 되어도 "유랑하던 당신의 사랑은 내게 머물러 주지 않았다." 그 사랑이 흘러가면, 내겐 상처가 되고, 흔적이 되어 영겁의 슬픔으로 남는다.

제3부 떠날 리離
여기서는 일시적인 이별이나 헤어짐보다, 운명처럼 영원히 떠나버리는 슬픔을 노래한다. 생이별이 아니라 사별의 아픔이라고나 할까? 「주머니 없는 수의」「박제사랑」「내가 죽은 이튿째」「마중물」「촛불 예찬」「나의 유품遺品을 태우며」 등이 이에 속한다.

당신과 함께했던/ 아름다운 사랑의 추억과/
슬퍼했던 아픔도 고이 접에 넣었네/
넣어도 넣어도 공허한 주머니는/ 먼 허공에 손짓하네/
그 무엇도 담을 수 없네/
주머니 없는 수의/ 어쩌면 처음부터 비어 있었을지도/...

| 평 설 |

그저 환영에 불과했으리//
흙을 덮은 뒤에 남은 것은/ 너와 나 사이의 숨결 그 하나뿐/
삶은 결국 빈 주머니처럼/
그저 두 손으로 감싸던 바람이었을까?/
주머니 속에 넣지 못한 손은 차디찬데/
그대의 손은 지금도 따뜻할까?//

- 「주머니 없는 수의壽衣」 일부

"빈손으로 왔다가 빈손으로 간다" "흙에서 나서 흙으로 간다"는 무상함이 우리 인생의 원초적 명제이다. 이런 "공수래공수거"의 허망함이 '주머니 없는 수의'로 상징된다. 빈손으로 가는데, 수의에 주머니가 필요할까? 당신과 함께 했던 사랑과 슬픔은 고이 접어 넣었다. 그러나 공허한 주머니엔 무엇도 담을 수 없다. "어쩌면 처음부터 비어 있었고, 그저 환영에 불과했을 것"이다. 흙을 덮은 뒤의 남은 것은 너와 나의 숨결뿐인데, 그대의 손은 지금도 따뜻할까?

죽지도, 살아있지도 못한 허공을 응시하며/
벽에 걸린 흐릿한 동공/
오랜 기다림의 사랑은 박제와도 같았다/
사랑이란 천 년의 기다림은/... 박제가 되어버린 형벌이었다/
박제가 되어버린 의안義眼에서 눈물이 흐른다/
당신만이 내 형벌을 끝낼 수 있다/
당신만이 내 눈물을 닦을 수 있다/

- 「박제剝製 사랑」 일부

사랑도 동물들의 박제나 압화처럼 말려서 보관이 가능할까? 그러나 박제된 사랑은 형벌이다. 당신만이 내 형벌을 끝내고 내 눈물을 닦을 수 있다.

초등학교 동창 녀석들은 문밖에서/ 담배를 피우고 서성거리며/
여전히 바닥에 침을 뱉는다//

눈두덩이가 부은 딸/ 말이 없이 상주喪主 노릇하는 아들/
부모님은 보이지 않는다// 그녀도 왔을까?/
살아생전 내 목숨같이 사랑한 여인은/ 끝내 보이지 않는다//
처마 끝 조등弔燈이/ 초겨울 샛바람에 몸서리를 친다/
춥다,/ 아랫목에 누울 시간이다//

- 「내가 죽은 이틀째」 일부

'의사疑死 체험 프로그램'이라는 게 있다. 실제로 자기가 죽은 것처럼 관 속에 들어가서 눕고 유서도 써본다. 이 작품에서는 자기가 죽은 뒤 이틀째의 상가 풍경을 내려다보는 가상현실이다. 문밖에서 담배를 피며 서성거리는 초등학교 동창들, 눈두덩이가 부은 딸, 상주 노릇하는 아들, 그러나 살아생전 목숨같이 사랑했던 여인은 보이지 않는다. "춥다!. 이제 누을 시간이다"

제4부 괴로울 고苦

'애별리고'의 귀착점은 괴로움이다. 불교에서 팔고八苦 즉, 여덟 가지 괴로움은 이승에서 자신이 빚은 원인과 결과이다. 모든 괴로움의 근원은 삼법인三法印 즉, 선인선과善因善果, '악인악과惡因惡果' '자인지과自因自果' '업業'에 다름 아니다.

「벌초 길에 만난 유랑인연 1」「늙은 소년은 이미 바다가 되어있었다」「생生이란 보편적 논제」「솟대와 장승」「어느 창작자에게 권면勸勉」「수족관 속의 게」 등이 여기에 속한다.

가느다란 명주실조차/ 손에 작은 상처를 남기는데/
인연의 끈을 놓을 때는/ 상대편 손과 마음은 치명적이리라//
함부로 잡지 말아야 할 것은/
손에 잡은 끈과 마음이 잡은 끈이다/
잡고 있을 때는 모른다/ 끈을 놓아야 찢긴 상처가 보인다//

- 「함부로 끈을 잡지 말자」 일부

> 평 설

 가늘고 질긴 명주실을 잡고 당기다가 잘못하면 손을 베인다. 하물며 인연의 끈을 놓을 때면 상대의 손과 마음은 얼마나 아프고 치명적일까? 잡고 있을 때는 아픔을 모른다. 함부로 끈을 잡지 말아야 한다.

> 누군가에게는 생애 첫 차/ 누군가에게는 목돈으로 구입한 첫 차/
> 누군가에게는 사랑하는 연인과 함께했던 차/
> 또 누군가의 목숨을 앗아간 차//
> 사연 많은 모든 차가/ 엔진이 분해되고 부품이 제거되어/
> 앙상한 뼈대만 남는다/…
> 시뻘건 쇳물로 자동차가 영혼을 소멸한다//
> 사라진 건 차뿐이 아니다/…
> 폐차는 또 다른 시작과 희망을 품는다/
> 삶 또한 그렇게/ 한 번은 부서져 사라지지만/
> 언젠가 어디선가 또 다른 운명으로 태어나리라//
>
> — 「폐차장, 부서진 꿈들의 재생」 일부

 폐차장은 누군가에게는 의미 있었던 각종 자동차의 장례식장이요, 무덤이다. 쓸만한 부품은 추려내고, 나머지는 분해되고 부서진다. 사후 장기 기증하는 시신처럼 쓸만한 장기는 쓰이고 시신은 화장되어 한 줌 재로 변한다. 폐차가 용광로에서 녹아 쓸만한 광물로 재생되듯 인간도 재생하여 다른 운명으로 태어나면 얼마나 좋을까? 불교에서는 생전의 업에 따라 육도윤회로 내생에 다시 태어난다고는 하지만…

제5부 신信과 신神

 믿을 신信과 귀신 신神을 병치시켜 에피소드를 시화했다. 「이사가던 날」「달맞이꽃 해방둥이 소녀- 나의 어머니」「비탄의 피에타 -나의 아버지」「어머니의 쌍가락지」「신의 저울질」 등이 수록되어 있다.

반백 년을 함께 했던/ 괭이와 나무 자루가 썩어가는 호미.../
먼지들과 좀벌레까지.../ 긴 침묵과 고요에서 잠을 깨어난다/
장롱의 선반.../태생을 알 수 없는 연장들…/
분주하게 움직이는 이삿짐과 사람들/...
사명을 다한 붉은 기와지붕의 용마루.../
떠나려는 자, 말이 많고/ 남겨둔 것들은 말이 없다/
손鬼 없는 날, 이사 가는 날/
손耳 없는 먼지와 돈벌레도 주인 따라/
부리나케 이사 채비를 한다/

-「이사 가던 날」 일부

시골집에서 이사 가던 날의 풍경이다. 반백 년을 함께 했던 괭이, 호미, 먼지와 좀벌레들, 장롱 선반, 붉은 기와지붕과 용마루 등등도 다 인연의 산물이다. 떠나려는 자는 말이 많고, 남겨둔 것들은 말이 없다.

「달맞이꽃 해방둥이 소녀(-나의 어머니)」는 1945년 해방둥이로 일본에서 태어나 귀국한 뒤 조실부모하고, 이팔청춘의 꽃다운 나이에 결혼했지만, "눈물샘에 나온 물을 먹고 자란 소녀" 달맞이꽃으로 찢어지게 가난한 간난신고의 고된 삶을 살아온 자신의 어머니에 대한 절절한 사모곡이다. 본문은 지면상 생략한다.

「비탄의 피에타Pieta -나의 아버지」는 병석에 누워 "먹지도 못하고 배설조차 어려우며" "마른 소나무 장작처럼 가늘어진 허벅지"의 부친을 죄스럽게 바라보는 화자의 심정을 리얼하게 그렸다. "생노병사"의 고통을 실감케 하는 작품이다. 지면 관계상 본문 인용은 생략한다.

> 평 설

3. 남다른 착상과 능란한 시어 구사

　정시인은 첫 시집이지만 참신한 시상과 어휘 구사가 능란하다. 앞서 얘기한 대로 '말하기 시'여서 다변인 게 특징이다. 정시인이 여는 글'에서 "만년필 펜촉이 종이를 긁는 마찰의 촉감과 사각거리는 소리에 이끌려 시작한 詩와 노랫말의 필사, 그렇게 쌓인 글이 어느덧 3,500여 편. 울림과 감동 속에서 나는 시인의 생애를 더듬고 그 삶을 통과한 시색詩色의 결을 마주했다."

　"시와 노랫말을 필사한 것이 어느덧 3,500여 편"이라는 데서 습작 과정의 노력을 알 수 있다. 설명 없이 시상이나 시어 구사가 남다른 몇 편을 예시해 봅니다.

　세상에는 모두가 제 짝이 있는데/ 정처 없이 나풀거리는 것은/
　이불 홑청과 내 마음뿐입니다//
　봄 햇살 좋은 날/ 널어놓은 빨래 밑에 떨어진 낙수落水를 먹고/
　삐죽삐죽 솟아난 새싹처럼/ 치열齒列이 고르지 못한/
　당신의 미소까지 그립습니다/

- 「봄날 빨래를 널며」 일부

　누구나 가슴속에/ 못 하나씩 품고 산다//
　못으로 인한 상처는 흉터가 되고/
　그 흉터를 헤집고 가시가 자란다/
　가시를 가진 이들을 사랑하라/ 그 가시는 꽃으로 피리니//
　가슴속에 아프게 품은 못/ 애써 뽑지 마라/
　가시는 또다시 꽃으로 진화하리라//

- 「못의 진화론」 일부

　사랑이란 진흙 속에 빠져/
　쉽게 발을 뺀 사람은 축복일 테지만//
　그 속에 허우적거리며/ 빠져나오지 못한 사람은 형벌이겠지//

- 「축복과 형벌」 일부

사람도 사랑도 외롭지 않습니다/
딱 하루씩만 살아가고 사랑하기로 했습니다/
저에게 당신을 대체할 하루도 없고/
당신을 대체할 사랑도 없기 때문입니다/

　　　　－「하루살이 여자, 하루 사랑 남자」일부

엉켜버린 게 방패연과 실타래뿐이랴/
단추 하나 잘못 끼워/ 사랑에, 사람에 엉켜버린 내 생은/
단추 없는 옷을 입은/ 인연을 만나기 전까지/
절룩거리며 생을 마감한다//

　　　　－「엉키다」일부

당신의 존재存在는 나의 부재不在/
나는 부재하는 또 다른 존재
미완未完의 대지로 변하고/ 미완의 개체가 되어간다

　　　　－「미완의 생生」일부

곰삭은 한 올의 명주실을 엮어/
당신 오시는 길목에 멍석 깔고 쌓아둔/
그리움 한 보따리 바리바리 풀어/
사나흘 싸리문 걸어두고/
당신에게 사랑밥 지어 환대하리

　　　　－「사랑밥」일부

사랑과 인연에도/ 숨겨진 절취선이 있었다는 것을/
사랑이 시작될 때 절취선이 잉태되었다//

　　　　－「절취선截取線」일부

4. 맺는말

　이상에서 정승기 시인의 첫 시집『유랑인연』의 시 세계를 "애별리고"의 주제별로 살펴보았다. 정시인의 불교적 세계관과 주제를 서술하고 정황을 설명하는 '말하기 시'가 특징임을 알 수 있었다. 불교적 '애별리고愛別離苦'의 세세한 설명은 생략하며 본문을 참고하기 바란다. 오랜 습작과 노력의 결실인지 정시인의 남다른 착상과 능란한 시어 구사 등은 특기할 만 하다.

　첨언하면 1920년대 한국 시단의 주로이던 영탄조의 감상적 낭만주의 시류는 무척 낡은 유물이다. 서양에서도 사랑 주제의 감성적 시는 18, 19세기에 이미 끝났다. '문학은 시대의 거울'이라고 한다. 21세기 첨단 문명을 구가하는 대한민국에 걸맞게 시 또한 현대적이어야 한다. 현대시가 난해하기는 하지만, 이에 걸맞는 서정성을 찾아야 한다. 현대 시의 특징은 '생략과 응축condensation'이다. 감성으로 호소하는 장황한 '말하기 시'에서 비유와 상징을 활용한 '보여주기 시'로 전환을 권유한다. 더욱 전진하여 '큰 시인'으로 대성하기를 바란다.

샘문시선 1066

한용운문학상 수상 기념시집
유랑인연
정승기 감성시집

여는 글 / 4
평설 _ 불교적 사유와 능란한 시어 구사 시편 / 7

제1부 : 사랑 애愛

소행성 무족영원 / 28
첫눈 / 30
정의定義 / 31
가을 시류詩流 / 32
영원의 서사 / 34
당신은 누구신가요? / 35
가을의 유서 / 36
라그랑주 점 / 38
흰동백 / 40
사랑 유통기한 / 41
하루살이 여자, 하루 사랑 남자 / 42
무한한 사랑 / 44
내 사랑이 얼지 않기를 / 46
꽃말 / 48
서시序詩 / 50
묘환생猫幻生 / 51
봄날 빨래를 널며 / 52
사랑밥 / 54

제2부 : 헤어질 별別

환승역, 환승 이별 / 56
엉키다 / 58
슬픔을 먹는 반추동물反芻動物 / 59
칼의 춤 / 60
환멸적 사랑 / 61
파문波紋 / 62
애처로운 간절꽃 / 63
인디언 썸머 / 64
멸종위기 육식동물의 죽음 / 66
깨달음 / 68
외로움 한 그릇을 먹으며 / 69
미완의 생生 / 70
12월 달력이 전하는 말 / 71
사랑을 탐한 죄 / 72
간이역에 이별을 내려놓고 / 73
못의 진화론 / 74
여름 한 철의 소나기 / 75
유랑인연 1 / 76
유랑인연 2 / 77
유랑인연 3 / 78
유랑인연 4 / 79
천사의 탄식 / 80
축복과 형벌 / 82
절취선截取線 / 83
원죄론原罪論 / 84
애별리고愛別離苦 / 85
내 열매가 아니었음을 / 86

남은 마음, 떠난 마음 / 88
귀를 닫고 눈을 감으며 / 89
간절함 없이 산다는 것 / 90

제3부 : 떠날 리離

환상방황環狀彷徨 / 92
날 것들의 생生 / 93
주머니 없는 수의壽衣 / 94
한寒, 한恨, 한限 / 96
박제剝製 사랑 / 97
내가 죽은 이튿째 / 98
강에는 물만 흐르지 않는다 / 99
헌정시獻呈詩 / 100
마중물 / 101
문둥이 탈춤 / 102
촛불 예찬 / 104
낙화落花 / 105
평행선 사랑 / 106
나의 유품遺品을 태우며 / 107
사해에서는 눈물을 흘리지 마라 / 108
우중雨中 / 109
서러운 용서 / 110

제4부 : 괴로울 고苦

벌초 길에 만난 유랑인연 1 / 112
벌초 길에 만난 유랑인연 2 / 114
늙은 소년은 이미 바다가 되어있었다 / 116
솟대와 장승 / 117
무탈한 불편의 저주 / 118
생生이란 보편적 논제 / 119
희망에 대한 소고小考 / 120
함부로 끈을 잡지 말자 / 121
백설공주 설화 / 122
폐차장 / 124
세상에서 가장 맛난 술상 / 126
주인 없는 시집 한 권 / 128
어느 창작자에게 권면勸勉 / 130
은비령隱秘嶺 / 131
신발 끈, 마지막 매듭 / 132
시인의 책 갈이 / 134
시인, 그 비극의 업業 / 136
수족관 속의 게 / 138

제5부 : 신信과 신神

이사 가던 날 / 140
달맞이꽃 해방둥이 소녀 / 142
비탄의 피에타Pieta / 144
권면勸勉 / 146
어머니의 쌍가락지 / 148
창조론, 진화론 / 149
슬픈 눈을 가진 여인을 보았네 1 / 150
슬픈 눈을 가진 여인을 보았네 2 / 152
슬픈 눈을 가진 여인을 보았네 3 / 153
미물성도微物聖徒 / 154
신神의 저울질 / 155
견우와 직녀 / 156

제1부

사랑 애愛

소행성 무족영원
- 無足蠑螈

당신과 내가 함께했던 그곳은
단둘만 존재했던 소행성이었다
지상의 낙원만큼은 아니었고
많은 부족함이 존재했지만
나에게 그곳은 행복 자체였어

어느 날 당신이 떠나간 소행성은
풀 한 포기, 나무 한 그루 존재치 않은
척박한 사막으로 변하고
생존조차 불가능한
슬픔과 어둠의 행성으로 죽어갔지

홀로 남은 어둠의 삶에
나는 귀와 눈은 퇴화하였으며
당신이 지나간 자리에는
모래폭풍이 일었고
난 당신의 온기를 더듬기 시작했어

그대가 사라져버리고 나니
나는 감각기관과 영혼이 쓸모없어진
무족영원無足蠑螈 생명체로
살아갈 뿐이지

이제는 눈물조차 배설되지 않는
투영透映의 무족영원,
당신은 나의 창조자였고 절대자였어

첫눈

첫눈이 내립니다

눈雪은 나의 발에 밟히고

당신은 나의 눈目에 밟힙니다

당신도 나의 첫눈인가요?

정의定義

엄동설한嚴冬雪寒
찬 강가에 발을 담가
한참을 서있었다

이별이었다

울고 있는 언 발을
누군가 다가와
따스한 물에 담가
언 발을 녹여 주었다

사랑이었다

가을 시류詩流

사랑이라고 쓰고
이별이라고 쓰고
이별에게 사랑을 구걸하며
슬픔이라고 시詩를 읊습니다

동냥 그릇의 쉰내 나는 시詩,
가을 빗물에 흘려버리고서야
비로소 한줄기 시詩가 완성되었습니다

오색 색동옷을 갈아입은 나뭇잎은
다가올 겨울과 봄의 풍류風流를 알까요?
물은 흘러야 하고
바람도 흘러야 하겠지요
시인의 시詩를 시류詩流에 흘려보내도
흐르지 않는 것이 있습니다
그것은 당신을 향한 애증뿐입니다

가을비에 부서지는 포말로
색동옷은 백색의 계절을 재촉하고
산산이 부서지는 낙엽의 파편은
잔해로 남겨준 영원한 폐허의 낙인,
시류에 떠다니는 연민에
당신을 향한 마음을 실어 보냅니다

아. 어찌할까요?
슬픔이라 쓴 우리의 표석이
산산이 부서집니다
재빨리 사랑이라 첨삭합니다

영원의 서사
- 泳遠敍事

여름 한 철, 장미가 붉다고 말하지 말라
붉은 태양이 뜨거운 열정으로
타오른다고 말하지 말라
바닷물이 대륙을 삼키는
포용이 있다고 말하지 말라
사계절 늘 푸른 솔잎이
영원할 것 같다고 말하지 말라
팔 색 꽃잎과 무지개가
세상의 모든 아름다움이라고 말하지 말라

그대 향한 사랑과 그리움은
태초 이래 시작된 처음과 끝이라
그 어떤 신神도 만물의 무한함을
인간의 사랑에 비교하지 말지니

사랑은 무한無限과 영원泳遠
시간과 공간을 넘어 존재하리라
이 순간을 영원으로 기억하리니
우리의 사랑은 끝없는 서사敍事가 되리라

당신은 누구신가요?

당신 눈 속에 깊고 푸른 호수를 보았지요
나는 잠시 그 속에 빠져 정신을 잃었습니다
눈을 깨어 보니 호수가 아닌
당신의 꽃밭이었습니다

어두운 절망 속에서
빛으로 다가오신 그대여
그대는 누구신가요?
환한 봄꽃으로 다가오신 여인이여
당신이 꽃을 피우라 하시면
저는 꽃을 피우며 당신을 반기겠습니다

언젠가 만나겠다 하시면
나는 그곳에서 기다리겠습니다
나는 당신을 노래합니다
나는 당신을 위한 찬미讚美의 시詩를 씁니다

나의 여왕이시여, 나의 창조자시여
당신 아래 피조물이 무릎을 꿇습니다
사랑 아래 두려울 것이 없습니다
도대체 당신은 누구신가요?

가을의 유서

당신 없는 세상에 내가 살고
나 없는 계절에 당신이 살리니

당신의 부재는 나의 존재가 되고
나의 부재는 영원한 부재로 남으리

나는 미완의 사랑으로 시작해
완전한 사랑으로 이별을 고하노니

사랑하는 여인아
큰 눈망울의 여인아
바라건대 광풍의 헛기침에도
고요의 바다에서는
잠결에서도 울지 말아요

사람의 언어를 내려놓을 때
자연이 내게 말을 걸어오나니
허락된 자의 고귀한 꽃으로 피어나리니

나의 신부, 꽃 같은 나의 사랑이여
서로가 전생을 알아보지 못한 채
먼 훗날, 아주 먼 훗날
꽃과 넝쿨로 만나는 인연을 소원합니다

가시에 찔린 손가락에 피어난
장미꽃 같은 아픈 그대여,
이제 나의 해가 저물어 가나니
붉은 눈물의 단풍도 숨죽여 웁니다

라그랑주 점
- Lagrange Points

우리는 우주의 길 위에서 만났지
라그랑주 점에서 머무는 소행성처럼
서로의 궤도를 돌며
그 순간의 평형 속에 사랑을 속삭였어

아무리 작은 움직임도
균형을 깨뜨릴까 두려워
우린 서로를 당기지도 멀어지지도 못했지
오직 고요 속에서
가까운 듯, 먼 채로 함께했어

그러나 이별은 예고 없이 찾아왔어
중력의 손길은 점점 느슨해지고
우린 서로 다른 궤도로 밀려났지
네가 떠난 자리엔 차가운 별빛만 남아
내 주변을 서성였어

그리움은 소행성이 남긴 먼지처럼
내 궤도를 맴돌며 너의 흔적을 찾았고
죽음은 어쩌면 끝없는 공전 속에
고요히 다가올 뿐이었어

하지만 우린 알고 있었지
언젠가 우리의 궤도는 다시 교차할 거라고
그날이 오면 소행성처럼 또다시 짧은 순간
빛 속에서 서로가 스쳐 갈 것을

[註設]
라그랑주 점(Lagrange Points) : 두 개의 큰 천체(예 : 지구와 달, 또는 태양과 지구)가 서로를 돌고 있을 때, 그 중간이나 주변에는 작은 물체가 중력의 영향을 받아 안정되게 머물 수 있는 다섯 개의 지점이 생긴다.
이 지점을 라그랑주 점(L1부터 L5)이라고 합니다. 무수히 많고 작은 행성과 운석이 별들을 따라 회전하지만, 일정한 규칙에 따라 부딪치지 않고 회전하는 지점이다.

흰동백

동장군冬將軍 완력과 무력에 굴복하지 않고
한겨울 꿋꿋이 이겨낸 순색의 여인이여
한 폭의 백색 저고리의 순정과 순결은
사랑을 위해 꽃망울 틔웠나니

한 잎의 꽃잎조차 뭇 사내에게
눈웃음 흘리지 않았던 절개와 지조여
기다리던 님, 끝내 오지 않음에
굳은 약속이 시들어 가는군요
하염없이 꽃송이가 깊고 깊은 나락으로
하얀 눈물을 흘리며 고개를 떨구는군요

순수의 여인이여
그 손을 놓지 말아 달라고
애절하게 지킨 절개는
순백의 무한 반복이나니

비련의 여인이여!
님 기다리다 시들어
낙화落花하는 청춘이여!

사랑 유통기한

당신이 창조한 사랑을
너무 오래 방치하지 마세요
사랑도 오래 두면 변질이 돼요
사랑을 보관할 때는 끓여서 냉동실에 넣어요
그래야 그 사랑이 오래갑니다

당신이 만든 사랑을 오래 방치하지 마세요
사랑도 오래 두면 방전이 돼요
사랑이 오래가려면 한 번씩은 충전을 해두세요
언제나 당신이 오라고 하실 때
막상, 방전되면 갈 수가 없어요

당신이 만든 사랑을 녹슬게 하지 마세요
오래된 사랑은 한 번씩 기름을 뿌려 주세요
감정이 녹슬면 그땐 이미 늦어요
원래의 감정으로 되돌리려면 노력이 필요해요

유통기한 내에 사랑을 가끔 꺼내서 확인하세요
사랑의 제조 일자는 없어도
유통기한은 있답니다

하루살이 여자, 하루 사랑 남자

고난의 길을 가는 당신이여
딱 하루씩만 살아 보세요
오늘 하루를 무사히 보냈다면
내일도 무사하기를 기도합니다

내일 또 하루를 무사히 보내고
하루하루씩 살다 보면 또 일주일 살아가고
일주일을 살아 보고 무사하면
그렇게 또 한 달을 살아 보세요

살다가 살다가 살다 보면
언젠가는 좋은 날이 꼭 오겠지요
그렇게 우리의 고난이 익어 가는 것
그런 당신을 나는 옆에서 지키렵니다

하루를 살아가는 사람을
하루씩 지켜보는 사랑도 있습니다
하루씩 사랑하고 무사한 하루의 사랑이 지나면
내일의 사랑을 기다립니다

마음 줄 사랑 하나 존재한다면
세상을 다 얻은 사랑이겠지요

하루씩 사랑하다 보면
그 하루가 모여 일 년이 되고
한 세기世紀가 흘러 백발의 사랑이 되겠지요

하루를 살아가는 사람 옆에
그 사람을 하루씩 사랑하는 사랑이 있어
사람도 사랑도 외롭지 않습니다
딱 하루씩만 살아가고 사랑하기로 했습니다

저에게 당신을 대체할 하루도 없고
당신을 대체할 사랑도 없기 때문입니다

무한한 사랑

지금의 내 사랑이 허기지도록 부족하여
언젠가 당신이 새벽녘 동트는 아침처럼
홀연히 내 곁을 떠나시리라는 것을 압니다

저는 그만큼의 상처를 여전히 감내하려 합니다
상처를 치유하는 동안 당신이
다시금 제 곁에 오신다면
맨발로 뛰어나가 처음처럼 당신을 반길 것입니다

제 상처의 치유는 오롯이 당신 몫의 운명이고
사랑과 이별을 무한 반복해야 하는 것은
이번 생에서 나의 몫입니다
어쩌면 다음 생까지 이어질 수도 있습니다

당신은 전혀 모르시리라 생각합니다
떠나시리라는 것을 알면서
홀로이 사랑한다는 것만으로도
당신 존재 자체가 제게는 행복의 척도였습니다

사랑도, 이별도 약속도 없고
기약도 없으신 당신
우리 사랑의 창조자여,

하염없이 기다리는 피조물에게
여전히 말씀이 없으십니다

고단한 밤이 또 오고 있습니다
오늘도 내 곁에 계시는
당신의 그림자가 떠나지 않게 해달라
두 손 모아 기도합니다

내 사랑이 얼지 않기를

무지개가 떴으니, 창밖을 보라고
당신에게 전화합니다

비가 오고 눈이 내리니 조심히 다니라고
당신에게 문자를 보냅니다

도로가 빙판길이니 행여 걷다가
미끄러지지 말라고 당신에게 전화합니다

단풍이 든 어느 가을날
당신처럼 붉은 나뭇잎을 보여줄 테니
여행을 가자고 말합니다

어느 계절이든 당신은 존재했고
당신 없는 계절 또한 없었습니다

붉은 그리움이 사무치게 내려앉고
대답 없는 공허한 메아리가 퍼지는 어느 날

간절함이 사라질 때
그 누가 당신을 위해 기도하고
당신의 안녕을 위해 무릎을 꿇을까요?

메마른 가지에
쭈그렁 그리움 하나가 매달려 있습니다

긴 밤 지새우며 기다리는 애틋함에
마침내 그리움의 마음을 이해할 수가 있었습니다

사람으로 태어나서 슬픕니다
본디 당신의 사람으로 태어났기 때문입니다

이 겨울, 내 사랑이 얼지 않기를
부디 내 사람이 얼지 않기를 기도 합니다

꽃말

비비추의 꽃말은
"하늘이 내린 인연"이래요

블랙로즈는
"당신은 영원히 나의 것"이래요

동백꽃은 "그 누구보다 당신을 사랑해요"라는
아름다운 꽃말이 있답니다

마리골드꽃은 "이별의 슬픔"이란
슬픈 꽃말이 있답니다

비련의 주인공으로 태어난 꽃,
상사화는 태어날 때부터 꽃과 줄기가 서로를
한 번도 본 적이 없답니다
그래서 꽃말이 "순결한 사랑"이라고 하네요

해바라기는 태양만 바라보고 살아야 하는
"동경과 숭배"의 꽃말이 있답니다

나의 꽃말은 "거룩한 헌신"이에요
그런데 궁금증이 생겼어요

내가 사랑하는 당신
당신의 꽃말은 무엇이지요?

서시 序詩

봄에 핀 붉은 꽃은 가을에 다시 피지 않고
흐르던 강물은 다시 돌아오지 않네

기약 없이 나를 두고 떠난 당신은
소식조차 없음에 슬퍼하고
만물은 기차의 궤도처럼
계절이 바뀌어도 만날 수 없다네

한 사람을 그리워한 죄가 하늘에 닿아
하늘의 태양을 올려다볼 수가 없음에
나뭇잎이 태양의 반절만 보라고
그늘을 만들어 주었네

사랑이라는 돌덩어리를 밀며
매일 같이 산봉우리 정상을 향하지만
언제나 그 돌을 밀어내는 것은 당신뿐
끝없는 시지프스의 형벌,

산봉우리 붉은 노을은 타는 그리움
한때의 내 사랑도 저렇게 불태웠네

피 묻은 노을의 붉음은 절망적 사랑,
붉음이여!
사랑이 아니라면 붉지 말아라

묘환생 猫幻生

털이 짧고 눈망울이 크고, 귀가 까맣고
몸이 진한 회색 고양이로 태어나리라

그리 소란스럽지도
많이 울지도 않으리라

필요한 절제된 소리만 내어
당신에게 불편을 제공하지 않으리라

평생을 당신에게서
나 혼자만의 사랑을 독차지하리라

더운 여름에는 힘들어하는 당신을 위해
온 힘을 다해 재롱으로 웃음을 주고

추운 겨울에는 손발이 차가운 당신을 위해
따듯한 온기로 감싸 주리라

키우는 동안 내가 싫증 나고 힘이 든다면
당신이 잠든 시간에 사라지리라

이 모든 것들이
당신의 고양이로 살아가지지 않는다면
다시는 태어나지 않으리라

봄날 빨래를 널며

봄 햇살은 작심한 듯 열기를 뿜으며
이불 홑청을 건조합니다
세상에는 모두가 제 짝이 있는데
정처 없이 나풀거리는 것은
이불 홑청과 내 마음뿐입니다

마음을 기댈 곳이 없어
양지바른 빨랫줄을 세운 바지랑대에 기대어 봅니다
바지랑대 양쪽의 빨랫감들은
햇볕을 많이 쬐고 싶어 아우성 거리고
바지랑대는 여전히 이런 소음에도
아랑곳없이 고자세로 잠이 듭니다

당신 없는 계절은 어김없이 돌아오고
이제는 바지랑대와 저만 남았습니다
당신의 체향體香이 남은
빨지 않는 이불은 세월의 좀벌레가
남김없이 슬픔을 갉아먹습니다

당신과 나 사이에서 잉태된 모성 결핍성,
봄 아지랑이들은 무럭무럭 성장하고
이 아이들도 언젠가 겨울이 오면
당신 곁으로 떠나리란 것을 압니다

봄 햇살 좋은 날
널어놓은 빨래 밑에 떨어진 낙수落水를 먹고
삐죽삐죽 솟아난 새싹처럼
치열齒列이 고르지 못한
당신의 미소까지 그립습니다

사랑밥

빗물에 흘러가는
추억이자 감정이었거니
그냥 스쳐 가는 소나기였거니

부디 사랑이 아니라는,
부디 당신이 아니라는 착각
열대성 기나긴 장마였다
빗물처럼 앓고 있는 거울 속 내 모습

찰나와 영겁의 시간 사이
당신은 어드메즘 와있는가
불러도 대답 없는 사람이여
내 영혼의 혼불 같은 사랑이여

곰삭은 한 올의 명주실을 엮어
당신 오시는 길목에 멍석 깔고 쌓아둔
그리움 한 보따리 바리바리 풀어
사나흘 싸리문 걸어두고
당신에게 사랑밥 지어 환대하리

제 2 부

헤어질 별別

환승역, 환승 이별

너 없이는 살 수가 없겠다던 다짐이
가을의 유서처럼 빛바래지는 계절
서성이는 사람들을 무심히 쳐다보는
서로가 만날 수 없는 플랫폼의 열차 궤도는
언제나 마주 보고 있다

환승역은 언제나 슬픔이 모이는 곳
비탄과 눈물에 몸부림치는 군상群像들의 눈물에
쇳덩이 궤도조차 무뎌진다

만남의 사랑, 떠나는 이별
그리고 환승 이별을 예고하는 진행형 이별
이별의 당사자만큼 더욱 비참한 것은 없었다

열차는 제시간에 어김없이 다가오고
이별을 고하는 탑승객 하나둘씩 자리에 앉는다
사내 하나가 플랫폼에 서있다
그의 눈물을 궤도를 받치는 침목枕木조차
애처로운 눈빛으로 그를 바라본다

또 다른 사랑을 위해 환승,
이별을 선택한 연인에게 눈물 흘리지 말자
비루한 사랑이 끝나면
슬픔은 새벽처럼, 안개처럼 사라지는 것

뒤돌아서라, 뒤돌아서라
플랫폼 안전선 밖으로 물러서라
한 걸음만 물러서라

엉키다

방패연 하나가 실이 엉키어
나뭇가지에 걸린다
그 연은 누군가 내려주기 전까지
나뭇가지에서 생을 마감한다

실타래가 엉키어 반짇고리함
안쪽 구석에 처박혀 있다
그 실타래는 누군가 풀어주기 전까지
쓰레기통이나 아궁이에서
생을 마감한다

엉켜버린 게 방패연과 실타래뿐이랴
단추 하나 잘못 끼워
사랑에, 사람에 엉켜버린 내 생은
단추 없는 옷을 입은
인연을 만나기 전까지
절룩거리며 생을 마감한다

슬픔을 먹는 반추동물反芻動物

가을 나무의 열매가 익어 가기 전에
벌레 먹은 나뭇가지에서 떨어진다

떨어진 그것은 슬픔이라는
금단禁斷의 열매였다

침범하지 말아야 할 동산에 떨어진
나무 열매를
짐승 한 마리가 다가가
망설임 없이 먹기 시작한다

벌레로 인해 떨어진 슬픈 열매를 먹은
굶주린 반추동물은
슬픔을 되새김질하며 눈물을 흘린다

슬픈 열매를 먹지 않으면 죽을 수밖에 없고
선택권 없는 나는
벌레가 던져준 슬픔을 되새김질하는
반추동물이다

칼의 춤

당신이 내 가슴에 꽂아둔
칼 한 자루
그 칼춤에 나는 울고 웃는다

칼의 상처는
어느덧 수년이 흘렀고
내 몸속의 상처는 붉은 꽃을 피운다

떨어지는 꽃잎 하나하나
예리한 칼날 조각이 되어
여전히 마음을 한 조각씩을 도려낸다

상처는 아물면 그뿐
흉터를 보는 순간 또 무너진다

환멸적 사랑

사랑은 불멸이라고 썼다가
불변으로 고쳐 쓴다

언제나 내뱉지 못한 사랑한다는 말은
소멸하지 않고
내 몸속에서 되새김질할 뿐이다

대답 없는 당신의 입술에 피어난
단 한마디,
약속할 수 없다는 단호한 당신 사랑법에
나는 서서히 무너진다

당신은 언제든 등 돌리고
날 버리고 떠날 수도 있겠구나!

우울아, 슬픔아, 비련의 얼굴아
어째서 너는 나의 얼굴을 하고 있니
그동안 내가 너희와 같은 얼굴이었구나?

내 생애生涯 사랑에 정의를 내린다
불멸의 사랑을, 불변의 사랑이라 읽고
퇴색된 종이에 환멸이라고 쓴다

파문波紋

헤어날 수 없었다
헤어질 수 없었다
헤아릴 수 없었다
헤매일 수 없었다

지독한 사랑이여
지독한 인연이여
지독한 운명이여

당신이 내 세상에 던진 유리잔은
일생의 파문波紋이다
사력死力을 다해 붙잡아도
잡히지 않는 그림자

사랑은 이별을 위한 변주곡
언어유희의 미립자 속, 슬픔

당신 사랑이 웁니다
당신 사람이 웁니다
그가 울다가 돌아섭니다

애처로운 간절꽃

사랑은 거북이처럼 다가왔다가
이별은 도적처럼 떠나갔다

그리워해도
그리워해도
닿을 수 없는 나의 애처로움이여!

사랑이 죽던 날
나의 애처로움도
당신과 함께 묻어야 했다

애처로움의 무덤에는 풀 한 포기,
꽃 한 송이 자라지 못하는 폐허였다

어둠은 언제나 죽은 간절꽃의 무덤
간절꽃 만이 애처로움의 주검과
묘비명 앞에 피어난다

살아있음에 다시 만나리라는
믿음 하나로
죽지도, 살지도 못하는 어리석은 꽃이여

인디언 썸머
- Indian summer

여름 햇빛처럼
뜨겁게 당신을 사랑했던
짧은 계절이 끝나고 겨울이 옵니다

인디언들은 겨울 직전 따스한 계절에
식량을 비축해 추운 계절을 이겨내겠지만
나는 아무 준비를 할 수가 없었습니다

강렬했던 사랑도
어느 날부터 낙엽처럼 떨어지고
앙상한 가지의 속살을 드러내며
하얀 눈꽃을 피울 것입니다

첫서리가 내리는 이별에 대한 대비가
애초부터 존재하지 않았기에
그대 향한 눈꽃조차 피울 수 없습니다

한겨울이 지나도 또다시 겨울이 올 즈음
첫서리가 내리기 전
잠시의 따스한 순간이 오겠지요
신들린 무녀舞女처럼 뜨겁게 사랑할 그날을
슬프듯이 춤을 출 것입니다

마치 인디언들이 겨울 직전 따스한
여름을 기다리는 것처럼
그들의 이별은 여름 기도의 종말이었습니다

그대여!
지금 부재不在의 축제는 끝나갑니다

[註說]
인디언 썸머(Indian summer) : 겨울 첫서리가 오기 전
가을 끝에 찾아오는 여름처럼 뜨거운 날, 인디언들은 이
짧은 시기에 식량 비축을 해둔다고 합니다.

멸종위기 육식동물의 죽음

당신의 잔향과 잔상은
기억의 망각 저편에 사라지고
원망과 슬픔의 언어들은 좀벌레처럼
행복했던 추억들을 갉아먹는다

사랑 속에는 언제나 이별이 숨죽이며
기회를 엿보고 있다는 사실을
긁지 않은 복권 한 장처럼 쥐고 있을 뿐이다

눈뜨고도 변해가는 세상에
눈감고 살아야 할 상황은 늘어가고
빛바랜 사랑은 소리 없이
소멸하는 날카로운 침묵의 가시 앞에
여전히 냉소적인 얼굴을 내민다

당신에 대한 사랑의 갈망은
야생에 살고 있는 한 마리
포식자의 숨겨진 발톱처럼 표출할 수가 없었다

끝끝내 마음속 발톱을 보여줄 수 없었다
당신이 보는 내내 사랑을 표현 못 하는
순한 채식 동물로 변해 있었다

돌아선 당신을 붙잡을 수 없었다
날카로운 발톱마저 빠져버린 슬픈 짐승은
사랑에 굶주려
아사餓死한 멸종 동물이었다

깨달음

오솔길을 걷다가 파릇파릇 잎이 나고
보랏빛 꽃잎이 피기 시작한
팬지 꽃잎을 무심코 밟았습니다

꽃이 원망합니다
겨우내 죽지 않고 살아남아
이제 꽃을 피우는데 상처가 생겼다고요

봄에 생긴 상처는
쉽게 아물지 않는다고
저보고 책임지라고 합니다

봄에는 꽃에게도 사람에게도
상처를 주지 말아야 했습니다
머쓱해진 저는 꽃 한 송이도
책임지지 못한 생을 살았나 봅니다

오늘 유난히 빛나는 봄햇살 덕분에
너무나 부끄러워
손바닥으로 하늘을 가립니다

외로움 한 그릇을 먹으며

새벽녘 절름발이가
외로움 일 인분을 주문해서
쓸쓸한 허기를 채운다

먹다 남은 잔상이 모여
어느덧 또 한 그릇의
외로움으로 쌓인다

사람은 사라지고
추억이 머문 어느 빛바랜
코발트블루 빛 식당은
그 외로움들만 모여있다

동정과 혐오의 간극間隙은
서로가 좁혀질 수 없는 세상
외로움 한 그릇으로 허기를
채운 사내는 절룩거리며 식당을 나선다

절름발이 사내여!
공허 속의 채움에는
외로움으로 허기를 채우지 마라
외로움이 꽃이라도 탐하지 마라

미완의 생生

오늘도 극소량의 시詩 한 모금에
실낱같은 목숨을 연명한다

당신이 앉았던 진자리는
동그란 원형의 대지

이곳이 내가 사는 세상
시詩 한 모금과 당신의 잔향盞香 속에
원형의 대지에서 나는 뿌리를 내렸다

당신의 존재存在는 나의 부재不在
나는 부재하는 또 다른 존재
미완未完의 대지로 변하고
미완의 개체가 되어간다

사람이, 사랑이 진자리에
추억은 그토록 서럽게 울어대며
해는 저물어 간다

12월 달력이 전하는 말

마지막 남은 한 해
한 달짜리 달력이 팔랑거리며
내 어깨에 걸쳐진다

남지 않은 한 해를 털어버리려는지
달력의 무게는 떠난 연인에 대한 감정만큼
깃털같이 가볍다

달력은 한 해 동안,
내 인고의 삶을 지켜보기라도 한 듯
애써 태연한 척, 내게 아무 말이 없다

정적이 흐르고 바람조차 멎어
한 장의 달력은 숨소리조차 없다

한참 후에 기대어 있던 달력이
내게 어렵게 말문을 연다

"한 달 후면 나도 당신을 떠나요"
"세월이 흐르면 소중한 것들은 떠나지요"
"당신에게 소중하지 않은 나, 조차도"

사랑을 탐한 죄

그리워도 만날 수 없는 사람이 있다
사랑해도 사랑할 수 없는 사랑이 있다
언제나 간절한 것은 저 산 너머에 있었다

하느님 몰래 사랑을 탐한 죄,
땅바닥에 떨어진 자목련 꽃잎만큼
처절한 슬픔으로 받는 벌罰,

생물학적 이별은
당신의 존재가 타인으로 변하는 피사체
오늘도 가슴에 멍 하나가 늘었다

눈물은 아는지
눈물은 아시는지

간이역에 이별을 내려놓고

간이역에 눈이 내린다
세상의 온갖 사랑의 언어와 징표들을
마치 아무 일도 없었다는 듯이
백색의 양탄자로 뒤덮었다

눈이 수북이 쌓인 간이역을 들어간
한 쌍의 발자국,
되돌아 나오는 길은
외쪽의 발자국만 선명하다

인적 없는 간이역 의자에
함께 간 이별을 내려놓았다
간이역에 이별을 두고 왔지만
여전히 몸과 마음은 슬픔이 짓누른다

아뿔싸!
이별의 그림자를 데리고 왔구나!

못의 진화론

못 하나를 박다가 구부러져
휘어진 것, 박히다 만 것들
그것들은 누구에게는 상처이고
삶의 훈장勳章이 되기도 한다

사랑과 이별 또한 가슴속에
사람마다 꽃 같은 추억이 되고
지워지지 않는 상처가 된다

빼지도, 박히지도 않는 못 하나가 박혀있다
누구나 가슴속에
못 하나씩 품고 산다

못으로 인한 상처는 흉터가 되고
그 흉터를 헤집고 가시가 자란다
가시를 가진 이들을 사랑하라
그 가시는 꽃으로 피리니

가슴속에 아프게 품은 못,
애써 뽑지 마라
가시는 또다시 꽃으로 진화하리라

여름 한 철의 소나기

소나기처럼 내린 여름 한 철 오열嗚咽은
그렇게 일 년이 지나간다

언제 그리 울었냐고 쓴웃음을 짓지만
언제나 하늘은 먹구름이었다

여인은 떠나겠다고 이별을 선고한 그날,
평생을 흘려야 할 눈물을
그 하루에 폭풍처럼 흘려야 했다

그녀에게 왜냐고 묻기 이전에
바람처럼 스쳐 지나간 사랑의 언어는
갈증에 목마른 아이에게 주는 사탕처럼
달콤했던 것이었을까

사랑을 잃은 사랑은 공허한 껍데기에 불과했다
여름 한 철의 소나기 같은 오열은
그렇게 시작되었다

[註說]
오열嗚咽 : 설움에 복받쳐 목메어 욺

유랑인연 1
- 流浪因緣

강물에 흘러가는 인연 하나가
잠시 머물러 숨 고르기를 한다

내게로 멈춘 사람의 사랑은
언제나 종착점으로 믿었다

나는 그대에게 나무가 되고,
큰 산이 되고 행복의 화목제가 되어도
유랑하던 당신의 사랑은
내게 머물러 주지 않았다

사람이, 사랑이 또 흘러간다
찰나刹那의 유랑 인연은 상처가 되고,
흔적이 되어
영겁永劫의 슬픔으로 남는다

유랑인연 2
- 流浪因緣

너와 나는
이제 만날 수 없다

영원한 평행선으로
이제 교차점은 존재하지 않는다

흐르고
떠돌다가
어느 순간 멈춘다

그때
행여. 마주 보더라도
눈길조차 절대 주지 말자

유랑인연 3
- 流浪因緣

떨어진 낙엽조차 마지막 순간까지
화려함과 도도한 자존심을 잃지 않았다

떠나간 당신은 마지막 내 눈물조차
허락지 않고 모두 앗아갔다

사랑은 이별을 낳고
이별은 상처를 잉태해서
폐부肺腑 깊숙이 파고든다

당신을 사랑하고
또다시 반복된 이별을 할지라도
단, 한 사람의 사랑이라면

찰나의 생을
영원처럼 살리라

유랑인연 4
- 붉은 사랑

낙화의 꽃잎과 불의 화염도
언제나 붉은 사랑이었다

붉게 사랑하지 않았다면 시작도 말라
꽃이 피지도 말아라
불꽃도 소멸하여라

목숨을 건 사랑도
타오르는 불꽃도
모두가 붉어야 한다

분홍빛 사랑은 스쳐 가는 애처로움이었고
푸른빛 창공의 구름조차
언제나 지나가는 유랑 인연이었다

붉지 않으면 사랑이 아니다
사랑이라 말하지 말라
사랑은 붉음이다
미친 그리움이다

천사의 탄식

의사는 14번 블레이드의 메스로
세 번째 날개깃 안쪽을 냉정하게 절개한다
맹금류의 날개보다 단단한 깃털들은
바닥에 눈처럼 흘러내린다

다시 집어 든 10번 블레이드는
등승모근의 날개 부위 표피를 찌르고
견갑골과 흉추 사이를 깊숙이 도려낸다

천상계天上界와 연결된 날개는 마지막
요동을 치며
바닥에 떨어져 파르르 흐느낀다
백색의 날개는 핏빛으로 변하고
하늘을 원망하는 낙인만 남겨졌다

남자의 눈에 눈물이 흐른다
인간계 눈물 결정체는 하나님의 구원일까
피가 아물기 전에 말 못 한,
천상의 사연들은 가슴에 묻는다
날개를 버릴 만큼 뒤틀린
사랑의 저주는 없을 것이다

끝까지 함께 한다던 사랑하는 여인은
날개 잃은 병상의 남자 옆에 보이지 않고
침상에 올려둔 날개는 사라졌다
날개가 필요했을 뿐 애초부터 사랑은 없었다

인간이 된 천사여!
목숨을 건 그리움이 도발할 때
사랑은 언제나 그림자 뒤에 숨는 법,
환멸의 세계에 온 걸 환영한다

축복과 형벌

사랑이란 진흙 속에 빠져
쉽게 발을 뺀 사람은 축복일 테지만

그 속에 허우적거리며
빠져나오지 못한 사람은 형벌이겠지

그래서 함부로
사람 마음속에 들어가는 게, 아니야

절취선 截取線

언제든 필요에 따른 분리를 위해
노트에 점선으로 표시가 있었다
마치 이별의 결심을 대비하라는 듯

잘못 쓴 편지를 예쁘게 찢으라고
점선으로 표시해 둔다
하지만 버려진 것들의 공통점은
찢긴 한쪽이 언제나 구겨지고 버려진다는 것

산뜻한 믹스커피 봉지에도
택배 스티커에도
떼어야 할 나쁜 것과 붙어있어야 좋은 것은
태생부터 전혀 달랐다

당신과 나 사이에서 나만 몰랐던 운명
구겨지고 나서야 깨닫는다

사랑과 인연에도
숨겨진 절취선이 있었다는 것을
사랑이 시작될 때 절취선이 잉태되었다

원죄론 原罪論

소금으로 만든 몸뚱이는
메마르지 않은 무저갱無底坑
눈물샘 속에서 허우적거린다

당신 떠난 삼백예순다섯 날
세 번의 겨울을 넘기며 울었건만
눈물은 멈추지 않았다

등 돌려 떠난 후 보낸 눈물의 세월
잠시 숨 고르기 할 때쯤
바람과 꽃잎이 전해주는
그대 삶의 고단하다는 전언 때문에
내 눈물샘이 터졌다

평생을 놓지 못한 명주실 같은
질긴 인연의 끈,
우리의 삶을 망쳐버린 사람아

성찰 못 하고
연민의 경계 주변을 맴도는
서로의 면죄 없는 원죄原罪 속에
절어버린 몸뚱이 서서히 녹고 있는데

애별리고 愛別離苦

죄를 지었습니다

들판에 너무나 아름다운 꽃 한 송이에 반해

뿌리째 뽑아서 집 화분에 심었습니다

꽃이 당신을 닮았다는 이유였습니다

꽃이 시름시름 앓습니다

꽃도 당신처럼 떠나겠지요

[註說]
애별리고 : 사랑하는 것과 헤어지는 괴로움으로 불교에
 서 말하는 인간의 8가지 고통 중의 하나

내 열매가 아니었음을

등 돌린 그대의 그림자조차
떠남을 두려워했지만
이제는 붙잡지 않으련다

내 주제와 본질을 모르고
그대를 사랑하고
붙잡고 싶었던 마음들
얼마나 어리석음의 극치였던가

그대 마음을 붙잡기 위한 현혹과
애써온 그간의 영광스러운 혼란들
마음의 총량과 본질의 총량을 합친
무뎌지고 넝마가 되어버린
극한의 사랑도 이제는 내려놓으련다

새장은 열어 두기로 했다
그대의 날지 못한 날개는 진화의 슬픔으로
내 생애 죗값으로 버킷리스트에 기록하리라

운명의 기회가 온다면 멀리멀리
그대를 반길 이에게 날아가
백년, 천년의 사랑을 찾기를 바라리라

그대 외에 어떤 파랑새가 다가와도
다시는 봉인된 새장의 빗장을 열지 않으리라
소유하고 사랑하고 싶었던 금단의 열매를
내 것이 아니었음을 인정하며 속죄하리라

남은 마음, 떠난 마음

남아있는 마음이 떠난 마음을 기다린다
떠나버린 마음은 그림자와도 같다
잡으래야 잡을 수 없고
형상이 화려한 모습을 갖추어도
오로지 검은색으로 표현하는 그림자

마음이 기울면 간극間隙도 길어지듯
빛이 기울어지면 그림자는 길어진다

마음은 평생 사랑을 찾았지만
사랑이 오지 않았다
마음에서 평생 사랑이 다가왔지만
그 또한 사랑이 아니었다

기다리던 마음이 돌부리에 넘어진다
넘어진 덕분에 하늘을 본다
하지만 떠난 마음의 그림자는
여전히 땅만 바라본다

남은 마음이 떠난 마음을 기다린다는 것
필경 부질없고 하염없는 짓이었다

귀를 닫고 눈을 감으며

꽃이 피는 봄은 오고
당신의 미백에 고른 미소가 보일 무렵
하얀 목련의 열두 폭, 백색 순결의 치마폭은
수줍게 피어 고운 자태를 드러낸다

봄비는 언제나 슬픔이었다
짧디짧은 시작의 사랑은 아랑곳없이
기억 저편으로 나풀거리고
천둥과 비바람의 슬픔이 도래되었다
나는 귀를 막아야 했다

세상에서 보지 말아야 할 두 가지는
당신의 눈물과 목련의 낙화였다
세파世波에 지쳐버린 당신의 미소는
눈물에 침수되어 흐물거리고
처절한 목련꽃 주검과 늘어진 사체 앞에
나는 눈을 감아야 했다

귀를 막고 눈을 감는 현실이 얼마나 많았던가
당신의 잃어버린 미소와 목련의 처절한 죽음조차
받아들이지 못하는 감당할 수 없는 형벌,
사람으로 태어나서 슬플 뿐이다

간절함 없이 산다는 것

칠 년을 애벌레로 땅속에 있다가
일주일 또는 한 달을
지상에서 사는 매미 앞에
사람은 삶이 치열했다고 말하지 말자

암컷 사마귀와 교미 후에
암컷에게 먹잇감이 되는 수컷 사마귀 앞에
목숨 건 사랑이 아니면
사랑이라고 말하지 말자

비가 우는 슬픔의 소리를
비가 오는 소리로 착각하지 말자
바위에 부서지는 파도의 포말泡沫에
세상 살기가 고통스럽다고
파도에 넋두리하지 말자

기쁨에는 기념일이 있어도
슬픔에는 기념일이 없었다
아무리 사랑하는 사이라도
죽음까지 동행하자고 하지는 말자

매미만큼도 치열하지도
수컷 사마귀만큼 목숨 건 사랑도
파도의 고통조차도 겪어보지 못한 내 삶은
단 한 번이라도 간절했던 적이 있었던가?
간절함이 없는 것도 결핍缺乏이 된다

제 3 부

떠날 리離

환상방황 環狀彷徨

한 번쯤 뒤따라오는 날
바라봐 주겠지, 기대했는데
앞서간 당신은 보이지 않는다

그 자리에 서서 당신을 기다리지만
당신은 오지 않고 나는 망부석처럼 서있다

하염없이 기다리다 지쳐 발길을 나섰으나
걷다 걷다 맴도는 그 자리

당신은 내가 멈춘 자리의 숲속에 잠이 들었다
오지 않을 당신을 알면서
나는 자연의 한 개체로 존재한다

어리석음과 무지한 영장류 한 마리가
맴돌다 맴돌다 서 있는 곳에서
당신의 체취를 먹고 숲속의 정령이 되었다

날 것들의 생生

손끝에 박힌 가시 하나 빼지 못해
하루는 허무하게 사라지고
신발 속 작은 돌 하나 박혀
절룩이는 발걸음을 만들었다

눈 속에 들어온 티끌 하나
밤새 잠을 앗아가고
꽃병이 깨진 아침 햇살 속으로
널브러진 장미 가시의 원망을 듣는다
장미 가시가 속삭인다
"너는 왜 무너지는 나를 붙잡지 못했니?"

당신이 내 가슴에 박은 못 하나
뽑지 못한 채 반평생을 견뎌낸다
"비리다, 비려
이, 날 것들의 생이여*
지리다, 지려
슬픈 영혼의 눈동자에 젖어 드는
눈물 같은 비루한 생이여"

*최승자 시인의 "얼마나 오랫동안" 中

주머니 없는 수의壽衣

당신과 함께했던
아름다운 사랑의 추억과
슬퍼했던 아픔도 고이 접에 넣었네
넣어도 넣어도 공허한 주머니는
먼 허공에 손짓하네

그 무엇도 담을 수 없네
살며 움켜쥔 욕망은
풀리지 않는 매듭으로 남고
이제 손끝에 맺힌 온기조차
차디찬 바람 속으로 스며가네

주머니 없는 수의
어쩌면 처음부터 비어 있었을지도
허망한 채움 속에
어른거린 빛나는 것들은
그저 환영에 불과했으리

마지막으로 뻗은 손은
더 이상 무언가를 잡지 않고
그저 내려놓을 뿐이네

흙을 덮은 뒤에 남은 것은
너와 나 사이의 숨결 그 하나뿐,
삶은 결국 빈 주머니처럼
그저 두 손으로 감싸던 바람이었을까?

주머니 속에 넣지 못한 손은 차디찬데
그대의 손은 지금도 따뜻할까?

한寒, 한恨, 한限

엄동설한 추위寒에 맨발의 사내는
무슨 생각에 잠겼는가?
무엇에 슬피 우는가?

한 생生에 그 어떤 한恨이 그리 많이 남아
강가에 서 있는가?

사연 많은 사내에게
슬퍼하는 사내에게
이유를 묻지 말 일이다
못 본 척 뒤돌아설 일이다

슬픔과 사연, 결과는
각자 본인의 업보業報,
생生의 봄은 모두에게 다가오지만
어떤 이는 그 봄을 볼 수가 없음을

박제剝製 사랑

죽지도, 살아있지도 못한 허공을 응시하며
벽에 걸린 흐릿한 동공
오랜 기다림의 사랑은 박제와도 같았다

오지 않는 사람을 기다린다는
슬픔은 이미 익숙해졌다
언제나 더 사랑한 사람이 죄인이 되었다

사랑이란 천 년의 기다림은
뇌와 내장의 형체는 사라지고
솜과 철사로 채워진 죽은 영혼
박제가 되어버린 형벌이었다

박제가 되어버린 의안義眼에서 눈물이 흐른다
닦을 수도, 움직일 수도 없다
당신만이 내 형벌을 끝낼 수 있다
당신만이 내 눈물을 닦을 수 있다

내가 죽은 이튿째

초등학교 동창 녀석들은 문밖에서
담배를 피우고 서성거리며
여전히 바닥에 침을 뱉는다

눈두덩이가 부은 딸
말이 없이 상주喪主 노릇하는 아들
부모님은 보이지 않는다

그녀도 왔을까?
살아생전 내 목숨같이 사랑한 여인은
끝내 보이지 않는다

저 멀리 길가에 흰 국화 한 송이가 떨어져
지나가는 차량 바퀴에 무참하게
꽃잎이 고개를 떨군다

처마 끝 조등弔燈이
초겨울 샛바람에 몸서리를 친다

춥다,
아랫목에 누울 시간이다

강에는 물만 흐르지 않는다

강가에 예쁜 끈 하나가 떠내려온다
누군가 떨어뜨렸을까?
조심스레 끈을 주어 주위를 살핀다

강가 상류 사내 하나가 울고 있다
예쁜 끈을 잃어버려 슬피 우는가 보다
사내에게 다가가 물으니 끈의 주인이란다
사내는 절대 웃지 않았다

사내가 강에 던진 끈은 인연의 끈이었다
질기디 질긴, 슬프디 슬픈
인연의 끈을 내려놓은 것이다

무수히 많은 인연 속에
인연의 끈 하나 내려놓은 게, 그리 슬플까?
사내는 말이 없다
인연 하나가 그 사내의 목숨 같은 전부였다
목숨을 내려놓은 강은
어느덧 소금 빛으로 물들어 있었다

헌정시 獻呈詩
- 떠난 벗을 위하여

꽃잎이 슬픔의 무게를 이기지 못해
가을바람에 몸서리치며 내려앉는다
노을과 태양은 말없이 산 너머 집으로 향한다

반백 년, 머리 흰 짐승이 명命을 다하지 못하고
소리 없이 고개를 떨군다
아이들 소리 없는 아우성은 침묵으로 잠이 든다
떠나는 슬픔보다 더 애통한 것은 세상에 없다

명命을 다하지 못한 꽃잎과 태양
그리고 머리 흰 짐승에게 사내 하나가
국화꽃 한 송이로 애처로운 비명碑名 앞에
마음을 어루만진다

마음이 무너져 슬픔을 곱씹는다
벗이여, 막걸리 한 잔으로 긴 여정
지친 삶의 갈증 해갈하고 가시게나

마중물

내 일부를 떼어 너에게 준다
차고 넘치는 양은 아니지만
그것으로 인해 네가 성장할 수 있기를

내 사랑을 너에게 준다
내가 비록 되돌려 받을 수는 없지만
그 사랑으로 네가 행복해지기를

내 생명을 너에게 준다
나 비록 단축된 생을 살지만
네게 준 생명만큼 긴 삶을 살기를

나는 일생이 너를 향한 마중물이었다
훗날 그 누가 나를 묻거든
너의 생에 일부였다고 말해 주기를

문둥이 탈춤

눈이 멀고, 초점이 흐려져도
나는 잊히는 당신의 모습을
상상 속의 꽃으로 기억한다

귀가 들리지 않아도
당신의 음성은 언제나
지나치는 바람결 감촉으로 듣는다

나는 말을 할 수 없는 벙어리였다
꿈속에서는 언제나 당신과
사랑의 언어로 소통할 수 있었다

병신 같은 절름발이 사랑은
언제나 당신이 부르면
한걸음에 달려가는 외사랑이었다

간절했던 것들과 잊히는 것들의 목록 속에
당신의 이름은 언제나
첫 문장의 유서로 남았다

눈이 멀고, 귀가 들리지 않고
말할 수도 없는 절름발이는
한 사랑을 향해 여전히 춤사위를 벌린다

밤새 슬픔의 호두를 까는 사내의
손바닥에 선명한 상처만 남아있다
적막한 이에게는 하룻밤은 한평생이다

촛불 예찬

타들어 가는 촛불은
가부좌 자세로 온몸에 기름을 붓고
소신공양燒身供養 하며
뜨거운 불꽃 속에서도 끝까지
가부좌를 풀지 않고 비명조차 지르지 않았던
불심佛心 깊은 노승老僧 형체였다

촛불의 촛농은 양초의 눈물이다
자기 소멸을 알면서 불을 밝힌
양초의 거룩한 희생은
성자聖者의 죽음으로 승화된다

제 몸 하나 불사르지 못한
반백 년 생生은 장님의 빛나는 눈조차
마주칠 수 없이 부끄럽다

흐르는 촛농조차 당연하다는 듯
그동안 바라만 보았던
나 자신은 살아있는 미물微物에 불과했다
양초는 침묵의 고통을 향기까지 발산하며
모든 존재에게 빛과 양지陽地로 환생한다

낙화落花
— 호스피스 병동에서

한없이 늘어나는 죽은 자의 숫자
내일은, 아니 모레는
그 숫자 속에 나도 포함된다는 사실을
매일 망각하며 살아간다
어제의 시든 꽃 한 송이가
오늘은 망자亡者가 되고
저승에서의 꽃으로 피어난다

인因과 연緣의 질서를
그 누가 어찌 내다볼 수 있을까
칡덩굴과 환삼덩굴은 같은 영역 안에
살아갈 수 없듯이 인연이란 두 개의 덩굴도
섞일 수 없었다

철없는 아이는 웃으며 한없이 뛰어다니고
검은 상복의 여인은 고개를 떨군다
슬픔을 뼛속까지 간직한 자에게는
아무것도 묻지 않았다
떨어지는 꽃송이를 동정하지 말라
다음 세상에서 더 화려한 꽃으로 피어날지니
슬퍼 마라. 슬퍼 마라

평행선 사랑

잔혹한 평행선상에
마주 보면 사랑이 되고
어긋나고 등 돌리면
위태로운 이별이 된다

평행선 외줄은 끝없는 나락점
등 돌린 이가 저 멀리 사라지는 소실점
무한한 기다림의
일차원적 연속선상의 결정체였다

외줄 평행선에서 춤을 추는
광대의 가면 뒤에 숨겨진
또 다른 슬픔은 아무도 모른다
여인이여! 해지기 전 돌아오겠다던
그 약속은 어디 갔는가?

일몰선 외줄이 끊어져야
광대의 간절한 기다림도 끝난다
오늘도 하찮은 목숨 하나가
엄동설한 빨랫감처럼 평행선에 널려있다

나의 유품遺品을 태우며

그대여 내 눈물을 기억해다오
왜 울었는지를
그대여 내 죽음을 기억해다오
왜 죽어가야 했는지를

하지만 그대여
그대는 몰라야 한다
내가 흘린 눈물의 양量을

하지만 그대는 몰라야 한다
내가 어떻게 죽어갔는지를
내가 마지막 본 세상이 무엇이었는지를

잘라낸 나뭇가지로 유품을 태운다
깎아낸 이름 모를 잡초들도 태워진다
슬픔이 아득히 밀려온다

저것들도 꽃을 피우고 싶었을 텐데
저것들도 살고 싶었을 텐데

사해에서는 눈물을 흘리지 마라

눈물은 짜다
짠맛은 어느 고요한 바다에서 왔을까
바람도 잠든 그곳
사해死海 품에 누운 수많은 고독

사해는 눈물을 허락치 않는다
눈물 속 염분 농도를 바다는 받아들이지 않는다
물결 없는 거울 같은 바다
그 속에서 들리는 것은 조용히 울어대는
먼 별들의 이야기

때로 이곳에 닿는 눈물은 한때 흘러간 시간의 잔상들
희미해져 사라진 기억의 파편과 편린들
그 깊숙한 바닷속에 잠든 채
돌아오지 못하는 사랑이 모이는 그곳

아무도 돌아오지 않는 바다
그러나 눈물은 매번 찾아온다
바람이 실어 온 한숨
사라진 것들을 향한 마지막 인사

눈물이 모이는 사해,
사해 끝에 잠든 이야기 속에
우리는 잠들었다

우중雨中

가을비를 당신은 빗물이라 말하고
나는 눈물이라고 말합니다

당신은 비가 온다고 말하고
나는 비가 운다고 말합니다

당신은 가을을 독서의 계절이라 말하고
나는 가을을 유서의 계절이라 말합니다

노랗게 물든 단풍잎에 떨어지는 빗물을 보며
당신은 사색思色의 계절이라 하고
나는 사색死色의 계절이라고 말합니다

떨어지는 가을비의 붉은 빗방울 파편에
단풍잎은 아파서 더욱 붉어집니다
빗방울이나 단풍잎이나 이들 모두는
가해자이자 피해자이겠지요

아픈 것은 빗방울과 단풍잎뿐일까요?
제게 던진 고독한 언어와 무표정이라는 빗방울에
이 가을, 서럽도록 붉게 물들어 갑니다

서러운 용서

사람이 왔는데 서러움도 함께 왔다
그는 빈손이라 했지만
눈빛 속엔 오래 묵은 계절 하나 숨어 있었다

문턱을 넘는 순간, 바람이 먼저 몸을 낮추고
침묵한 공기 속에
헤어진 날들이 조용히 스며들었다

차 한 잔을 내며 그의 발끝에 묻어온
오랜 먼지의 사연을 묻지 않았다

말보다 먼저
찻잔의 김 속으로 눈물이 스며들고
우리는 말없이 서로의 지난 시간을 마주했다

차 한 잔 마신 사람이 떠났다
그러나 서러움은 그 자리에 남아
방 한 켠에 아주 조용히 앉아 있었다

어둠 속 적막을 마시며
나는 조용히 그를 용서했고
그 또한 말없이 이별을 건네고 갔다

제 4 부

괴로울 고$_{苦}$

벌초 길에 만난 유랑인연 1

벌초 전에 들린 남이천IC,
근처 E편의점,
곱게 입은 체크무늬 원피스의 다소곳한 여주인
단아하지도 헝클어지도 않은 머릿결에
엷은 미소로 허기진 벌초 꾼을 반긴다

따스한 컵라면 국물에 긴장이 퍼지고
이승과 저승의 결계가 풀어진다

휘발유 냄새와 요란한 기계음,
풀들은 아프다고 아우성친다
행운의 네잎클로버도 예외 없이 목이 잘리고
곱게 핀 망초꽃들도 무덤이 된다

사람도, 꽃도, 본디 꽃이었으니
사람 무덤, 꽃의 무덤
모두 꽃의 흙으로 돌아가리라

기억 저편에 남은 여인,
언젠가 그곳을 찾아 가리라
단아한 여인의 잔향과 풀 내음
들숨과 날숨의 생生과 사死
가슴이 뛴다는 것은 살아있다는 증명

살아 있는 인연을 만나러
죽은 자의 무덤에 벌초를 가리라
슬프디 슬픈 주검 앞에
살아남은 자의 인연은 또다시 이어간다

밤하늘의 별빛 아래,
시간의 흐름 속에 맺힌 눈물방울,
그리움의 무게는 또다시 바람에 실려 간다

벌초 길에 만난 유랑인연 2
- 풀의 무덤

벌초 길에 언제나 들린 E편의점,
말 없는 자작나무와 겨울을 기다리는 화목난로
연붉은 능소화 같은 편의점 여인의 미소
손목에 잠든 노란 꿀벌 한 마리까지
잡을 수 없는 인연과 그리움은 언제나 애틋했다

조상의 봉분封墳에 풀을 걷어내니
다소곳한 풀의 무덤이 또다시 만들어졌다
봉분 주변에 자신을 방어하는 아카시아는
예리한 가시로 벌초꾼을 거부한다

보아라. 보아라
저 찬란한 슬픈 소멸과 풀의 주검 앞에
벌초 꾼 사내는 묵직한 넋을 두고 돌아서나니

천 년을 살았던 이끼와
백 년도 살지 못한 인간들 사이에
인연이라는 명주실 위에 어릿광대 같은
하얀 나비 하나가 춤을 추나니

선산의 묘지를 가꾸는 손길은 지극한데
돌아서면 다시 쇠와 흙을 만지는
후손의 막노동 손,
조상의 무덤은 번듯하나
사내의 삶은 여전히 가시밭길을 헤치고 있다

조상님은 아시리라
이 손에 묻어나는 고단함을

늙은 소년은 이미 바다가 되어있었다

피우던 담뱃재는
어느덧 허리가 구부러져 간다
담배를 들고 있는 굽은 손마디조차
더 펴지지 않았다

얼굴에 굴곡진 주름살은
사내의 삶처럼 굽이굽이 물결치고
그의 몸에는 언제나 흙냄새가 나는
먼지투성이 삶이었다

소년의 모습으로 바다를 떠난 그는
어느덧 백발의 노송老松이 되었다
노송을 지켜보는 바다는 그저 침묵할 뿐이다
침묵하는 바다와 침묵하는 사내는
서로를 슬프게 응시할 뿐 아무 말이 없다

바다가 지켜보는 늙어버린 소년은 이미 바다가 되어있었기 때문이다
어머니 바다가 늙은 소년을 품는다
소년 노인이 바다를 품는다
바다가 된 아들을
아버지 등대는 빛으로 화답한다

솟대와 장승

발이 묶여
날지 못하는 솟대

마음이 묶여
사랑을 잃은 장승

침묵의 눈빛으로
평생 한 곳만 바라본다

서글픈 한 생生의 주기가
꿈처럼 지나간다

무탈한 불편의 저주

그를 떠난 여인이 가끔 감기도 걸려
사나흘쯤 앓기도 하고

일 년에 한 번쯤
치통에 시달리고

스트레스를 받으면
얼굴에 뾰루지도 생기고

더도 말고
덜도 말고
그럭저럭*
살아가시길요

*그럭저럭 : 큰 문제나 잘 된 일이 없이 그런대로

생生이란 보편적 논제

그토록 붉은 한철의 꽃도
땅에 떨어지나니
내 마음도 꽃과 함께 저물었다

모래 한 줌을 아무리 움켜쥐어도
손에 잡히는 것은 극소량
백년도 못살면서 죽기 살기로 잡았던
탐욕과 미련, 명예와 사랑
무덤 속으로 들어가면 손에 잡히는
모래 한 줌의 영혼

언제쯤 시인詩人들이 말하는 언어를 이해할까요?
언제쯤 붉은 하루의 서글픔이란 것과
떨어지는 꽃의 농담 한 송이란 것을
겸허하게 받아들이는 날이 올까요?

언제쯤 밝을 때의 노래와
어두울 때의 기도를 할 수 있을까?
언제쯤 일생을 섭취해 죽임당하는
모든 동식물의 한恨을 풀어줄 수 있을까?

희망에 대한 소고 小考

생을 끝내고 싶은 이유보다 살고 싶은 이유를
못 찾을 때 더 막막하다
죽기 전까지 살 수밖에 없다는
슬픔 또한 크다는 것을 왜 모르겠는가?

평생을 함께하자는 그 사랑도
가난이 문틈으로 들어오면
사랑이 창문으로 달아난다고 한다

인생은 언제나
좋은 점과 나쁜 점을 동시에 가진
동전의 양면성을 지닌다

신발이 낡았다고 슬퍼 마라
신발조차 신을 수 없는 사람이 있듯이
그 가난조차, 부족함조차 감사하자

썩은 고목에서도
호박이 매달릴 수 있다는 것에
희망의 노래를 부르자

함부로 끈을 잡지 말자

명주실로 천을 꿰매고
실을 끊으려 손으로 잡아당기다가
손바닥에 상처가 나서
마음이 손을 어루만진다

사람이, 사랑이 잡고 있던 인연의 끈이
불가항력에 의해 손에서 쓸려나간다
마음이 상처가 나서
손이 마음을 위로한다

가느다란 명주실조차
손에 작은 상처를 남기는데
인연의 끈을 놓을 때는
상대편 손과 마음은 치명적이리라

함부로 잡지 말아야 할 것은
손에 잡은 끈과 마음이 잡은 끈이다
잡고 있을 때는 모른다
끈을 놓아야 찢긴 상처가 보인다

백설공주 설화
- 진실의 거울

고요한 왕궁, 바람 한 점 없는 밤
은빛 가득한 거울은 침묵 속에서 진실을 담는다
"누가 가장 아름다운가?"
그 한마디에 진실의 균열이 시작되었다

왕비 얼굴에 과거의 빛은 흐려지고
질투는 불꽃처럼 타오르지만
거울은 여전히 냉소적으로 답변한다
"백설공주"
그 답이 내릴 때마다
사악한 왕비의 마음속은 어둠으로 변색된다

거울 속 어제의 왕비는
오늘의 두려움이 뒤엉키고
질투의 손길이 닿는 손끝에 맺히는
얼음같이 차가운 진실

질문과 대답,
끝없는 고통의 춤사위 속에서
거울은 단 하나의 진실을 말하지만
진실은 날카롭고 차가운 고통을 짊어진다

투명한 거울에 투영되는 운명,
아름다움은 그토록 가벼운 것
숙명은 어깨 위에 무겁게 내려앉는다
"누가 제일 아름다운가?"
왕비는 묻고 또 물으며
거울 속에 자신을 가두고
자신의 이름조차 가둬버린다

"누가 제일 아름다운가?"
거울은 변함없이 진실을 속삭인다
백설공주라는 대답의 표어가 왕국을 덮을 때
분노한 왕비는 거울을 산산이 부순다

조각난 진실로 인해 부서진 거울의 운명,
생존을 위한 거짓이 필요한 세상이 있다는 것을
거울은 왜 몰랐을까?

폐차장
- 부서진 꿈들의 재생

누군가에게는 생애 첫 차
누군가에게는 목돈으로 구입한 첫 차
누군가에게는 사랑하는 연인과 함께했던 차
또 누군가의 목숨을 앗아간 차

사연 많은 모든 차가
엔진이 분해되고 부품이 제거되어
앙상한 뼈대만 남는다

고체가 액체로 환골탈태하여
시뻘건 쇳물로 자동차가 영혼을 소멸한다

고철 더미 위에 쌓인 잔해들,
반짝이던 외피는 산화되어 바람 속으로 사라진다

누군가의 꿈을 태웠던 엔진,
바람을 가르던 바퀴는
이제 굴러갈 수 없어 분쇄기에 넋을 바친다

사라진 건 차뿐이 아니다
그 안에 담겨 있던 창가를 두드리던 빗소리
쏟아진 별빛, 기대와 불안

모든 기억이 쇳가루처럼 흩어져
어디론가 흘러간다

그러나 차의 운명은 끝이 아니다
쇳물로 환골탈태하여 다시 형틀에 들어가
새로운 생명으로 태어난다
폐차는 또 다른 시작과 희망을 품는다

삶 또한 그렇게
한 번은 부서져 사라지지만
언젠가 어디선가 또 다른 운명으로 태어나리라

세상에서 가장 맛난 술상
- 오랜 벗 김광현님께 보내는 헌시

반지하 월세방에서
닭백숙이 보글보글 끓고 있다
스물 남짓 청초한 여인은 젖은 이마를 닦으며
소리 없이 술상을 차리고
남편은 그윽한 미소로 술잔을 채운다

제왕의 수라상이 부럽지 않다
우리가 함께하는 이 순간이
이미 제왕의 연회宴會 이리니

노르스름한 국물 속에
진하게 우러난 하루의 고단함,
달짝지근한 소주잔에
서로를 향한 마음이 가득하다

세상에 이보다 더 맛난 음식이 있을까?
천 년을 살아도 시들지 않을
불로초로 빚은 술이
우리 잔 속에 넘치고 있다

세상에 이보다 따스한 술상을 본 적이 있는가?
비좁은 방, 창문 너머 적송 숲으로
솔바람이 스쳐 간다
우리는 작지만 가장 큰 행복을
조용히 나누고 있다

나의 동지, 형제 같은 친구여
오늘의 이 술상은 내 평생
가장 깊은 맛의 추억으로 남았다네

수십 년이 지나고
우리의 머릿결이 반백이 되어도
추억이 우리의 안주라면
이보다 더 값진 것은 없을 것이네

주인 없는 시집 한 권

내 영혼의 시집 첫 문장에
당신의 이름을
인주빛 문신으로 새기어 둔다

당신 이름이 깃든 시집은
머리맡 베개가 되어
시원한 봄바람이 와서 잠들 때
콧속의 향기로 마시리라

당신은 책 속에서 떠나고
문장 속 주인 없는 시집 한 권은
애처롭게 가을 햇살에 메말라 간다

사랑은 타인의 가슴에
못질하는 것이다
못이 빠져도 상처는 남았다

나는 팔십억 인구 중에
오직 당신 하나를 원했고
당신은 팔십억 인구 중에
오직 나 하나를 버렸을 뿐

당신은 내 하늘인데
왜 하늘은 어둠만 내리는지,
선택받지 못하는 사람과 책은
언제나 그 자리에 서 있어야 했다

어느 창작자에게 권면勸勉

하루에 세끼밥을 먹으면서
시 한 편 쓰지 못하는 시인이 있다

그림 한 점 그리지 못하고
한 달 동안 꼬박꼬박 밥을 먹는 화가도 있다

밥도 안 먹고
잠도 안 자는 AI 인공지능은
창작의 시와 그림을
감동적으로 만들어 준다

작가여, 화가여
펜과 붓을 내려놓고
그 손으로 밥을 먹으며
삶을 다시 들여다보라

이도 저도 힘들면 흙을 파고 일구어
새로운 싹을 탄생시키는
결실의 열매를 따는 삶을 찾으라

은비령隱秘嶺
- 필례령

굽이진 인생의 굴레 길을 돌고 돌아
한계 선상의 선 당신이여!
44번 국도의 한계령은 저 앞일진대
당신 소매를 붙잡아 은비령에 멈춥니다

적막과 고즈넉한 풍요의 숨소리로
오롯이 그대와 함께 양지바른 이곳에 있습니다
봄에는 벚꽃으로 얼룩진 생을 지우고
가을에는 붉은 단풍으로
그대의 옷을 다시 만듭니다

겨울에는 흰 눈이 쌓이는 한계 선상에
행복한 고립이 되어
다가올 봄을 기다리는 촌로村老가 되어요

올라가면 한계령은 저 앞이고
뒤돌아 서면 굽이진 생을 다시 내려가야 해요
그러니 우리 그 어느 곳도 가지 말아요

양지바른 곳 평평한 땅 위에 너와집을 짓고
당신 좋아하는 고양이와 강아지를 키우고
함께 지나간 길은 돌아보지 말고
다가올 한계령도 올려다보지 말아요

신발 끈, 마지막 매듭

걸음걸이가 불편해 숨이 헐떡거려 신발의 끈을
다시 조여 묶고 나니
다시금 목이 졸려오는지
발등이 답답하다고 아우성이네

신발 끈, 한 번 다시 묶었을 뿐인데
몸뚱이가 자유를 박탈당한 느낌이라니
발목을 감싸는 이 얇은 끈이
삶의 무게를 견디게 해주는 생명줄이네

벗어 던지고 싶은데, 그럴 수 없는
묶인 채로 걷는 길을 또다시 걸어야 한다고
허리 숙여 고쳐 묶고 한 걸음 내디딜 때마다
발등이 속삭이네
"이 끈은 네가 만든 것이 아니다"라고

그러나 가만히 생각을 해보면
이 끈의 묶음도, 신발도 모두 내가 고른 것,
책임도 내가 선택한 것이리니
발등을 감싸는 끈의 조여옴의 무게는
어쩌면 나 자신이 만든 생의 틀이다네

신발 끈을 느슨하게 묶어보지만
걸음은 여전히 무겁다네
벗어나고 싶다, 어디로 가야 하나
이 길 끝에는 또 다른 무게가 있으리라

끈을 고쳐 묶으며 나는 묻는다네
내가 걷는 길은 어디로 향하는가를
끈을 조이고 풀어도 마지막 매듭은
여전히 팔자八字 리본으로 끝이 났다네

시인의 책 갈이

바람이 살며시 창을 두드리던 날
오래된 책장의 한 귀퉁이에서
서걱이는 책장을 넘기던 손길을 멈추고
새로운 책의 부름에 귀 기울인다

황금빛 햇살이 창가를 비추고
묵은 책의 페이지 사이에 스며든
먼지 냄새가 코끝을 간질인다

손끝에 남은 잔향을 애써 떨치며,
새 책의 표지를 천천히 어루만진다
새로운 이야기가 펼쳐질 준비를 마치고
처음으로 마주한 단어들의 향연에
마음은 한껏 부풀어 오른다

미지의 세계로의 초대장처럼
한 줄 한 줄, 눈부신 글자들이 나를 이끈다
익숙했던 문장의 울림 대신
새로운 서사의 파도가 마음을 적신다

낯선 인물들과의 조우
그들의 숨결 속에 나의 상상은 날개를 단다

그러나 내 기억의 서랍 속에는 여전히
옛 책 속의 따스한 이야기들이 남아있다

잠시 내려놓은 그 책의 무게를 기억하며
언젠가 다시 그 페이지를 넘길 날을 기다린다

책 갈이, 그것은 끝맺음이 아닌
또 다른 시작 하나의 이야기가 다른 이야기로
이어지는 끝없는 여정의 중간쯤,

새로운 책 속에 잠기며
과거와 미래를 잇는 다리가 되어
내 마음은 다시, 한 번 두근거림으로 가득 찬다

시인, 그 비극의 업業

창조의 고통 속에
피할 수 없는 숙명 같은
몸부림치는 불가항력적 중독이어라

먹지도, 뱉지도 못하는
단어 하나와 문장들 사이에
수렁 속에 허우적거리는 비련이어라

하나의 시詩를 잉태하기까지
산고의 고통과 출산의 행복을
겪어야 했던 비련의 주인공이어라

절필을 선언하고 삼일을 못 가서
다시 펜대를 잡아야 했던 옛 시인詩人들은
모두 다음 세상에서 새로 탄생하는
어린 시인詩人들 창조물을 기록하리

시인詩人의 눈이 말을 하리
보이는 것만 다 쓰지 말라고
시인詩人의 마음이 말을 하리
남에게 쉽게 마음 주는 시를 쓰지 말라고

고뇌 속에 몸부림치는 시인이여!
문장 하나로 한 끼를 연명하는 슬픈 짐승이여!
도살屠殺 되고 참수斬首 되는
피륙 같은 시어詩語들은 어찌할꼬

수족관 속의 게

수족관 속의 게는 다리가 길면서도
왜 도망치지 못할까!
수족관 속의 게들이 서로가 상대의
다리를 붙잡기 때문이다

내가 당신의 발목을 잡는다
당신이 내 발목을 잡는다
사랑이라는 이율배반적 모순으로
발목을 잡고 움켜쥔 발이
부러질 때까지 놓지 않는다

발목 잡힌 수족관의 게들처럼
서로가 도망치지 못하는 운명이었다
찜통 속의 열기로 벌겋게 달아오른
당신과 나의 몸통과 다리는
붉은 꽃잎의 죽음조차 아름답다

우리 사랑이 언제 이토록 붉은 적이 있었던가?
붉어야 사랑이 불타고
다 태우고 나야 사랑이 비로소 끝나고
그래야 비로소 매듭이 풀린다

제5부

신信과 신神

이사 가던 날

반백 년을 함께 했던
괭이와 나무 자루가 썩어가는 호미
주인의 결정에 말없이 순종하고
침묵하던 먼지들과 좀벌레까지
긴 침묵과 고요에서 잠을 깨어난다

장롱의 선반은 삶의 무게를 견디지 못해
허리가 구부러지고 뼈대가 나온다
태생을 알 수 없는 연장들이
그간 자식들을 출산했는지
하나둘씩 늘어나서 대식구가 되어 있었다

창고에서 그 오랜 세월 동안
버려진 성경책을 읽고 갉아먹던 서생원은
지금쯤 예배당 장로長老 직분이 되었고
반백 년 법률 서적을 통독通讀한 좀벌레들은
변호사쯤 되었으리라

분주하게 움직이는 이삿짐과 사람들
제 사명을 다한 붉은 기와지붕의 용마루는
묵묵히 그들을 내려다볼 뿐
인간사에 대해서는 체념적이다

감나무와 밤나무는 열매로 보답한다
자귀나무꽃은 아름다움으로 보답한다
마치 집을 두고 떠나는 주인에게
반백 년 살아온 감사의 인사를 하는 듯
이 찬란한 슬픔을 촌 노인은 알고 있을까?

떠나려는 자, 말이 많고
남겨둔 것들은 말이 없다
손鬼 없는 날, 이사 가는 날
손手 없는 먼지와 돈벌레도 주인 따라
부리나케 이사 채비를 한다

달맞이꽃 해방둥이 소녀
- 나의 어머니

45년생 핏덩이는 일본에 태어나
아버지 품 안에서 바다를 건너
강진만이 보이는 척박한 땅에 뿌리를 내렸다

세 살 되던 해, 연노란 달맞이꽃 같은
어미는 세상을 떠나고 그 어린 고사리는
얼마 후에 등 뒤에 큰 산, 아버지마저 잃고
어느덧 달맞이꽃 닮은 소녀가 되어간다

이팔청춘 꽃다운 나이에
시누이와 시어머니를 모시는
등 굽은 청년을 만나 네 남매를 낳았다

찢어지게 가난한 삶은 계속되었다
등지게 지고 관악산에서 땔감을 구해서
안양에서 청량리까지 팔러 다니기도 수백 번,
시신이 채 썩지도 않은 묘지를 파헤쳐
이장하는 남편의 생도 고달프기만 하다

눈물샘에 나온 물을 먹고 자란 소녀
어느새 해방둥이 소녀의 손은
억새가 되어가고

머리카락은 하얀 안개꽃이 되어
고된 세월을 어루만진다

노을이 붉게 물들고 해가 저문다
해방둥이 소녀는 아직도 붉은 해를 사랑했다
해를 사랑한 달맞이꽃 소녀는
미궁 속을 걷는 여정으로
아직도 노을을 향해 걷고 있다

소녀여
달맞이꽃 같은 소녀여
어디로 흘러가는가?

비탄의 피에타Pieta
- 나의 아버지

생사가 오고 가는 응급센터
야시장 불빛에 타들어 가는 불나방의 아우성

남녀의 성별性別도
나이의 잣대도 무의미한
오직 더 위기의 사람만이 우선순위 공간

붉은 조명과 자지러지는 사이렌 소리만이
환자의 고통과 슬픔을 대변한다
신神보다 의사의 손길이 간절한 군상들
밤낮이 없는 간절함의 온상

먹지도 못하고 배설조차 어려운 아버지
하얀 액체의 영양제와 호스에 의존하는
아버지의 육신이여! 존엄이여!

마른 소나무 장작처럼 가늘어진 허벅지와
축 늘어진 당신의 음낭陰囊을 닦습니다
싸늘해지는 당신의 한겨울 체온 앞에
고개가 마지막 잎새처럼 처절합니다

분명 죄는 아닐진대
먹고 마시고 웃고 떠들고 숨 쉬는 것조차
일상의 호사스러움,
오늘은 당신 앞에서 이 또한 죄가 됩니다

아버지. 나의 아버지
어디를 그렇게 잰걸음으로 바삐 가시려는 지요

권면 勸勉
- 자녀에게

딸아, 아들아, 나의 자녀야
세상을 살며 들숨과 날숨을 고르게 하면
삶이 한결 편해진단다

아무리 힘든 일이 닥쳐도
어떤 유혹이 찾아와도
제발, "물숨"으로 숨 쉬지 마라

해녀가 참을 수 있는 숨의 끝
전복 하나 더 따려는 욕심에
못 참고 마시게 되는 그 한 번의 숨,
바로, 물숨이란다
그 순간, 죽음이 찾아오는 거야

삶에서도 마찬가지란다
잘라내지 못한 욕심 하나가
돌이킬 수 없는 결과를 부르지

탐욕과 집착을 멀리하여라
사람과 물질의 관계 속에서도
들숨과 날숨처럼
호흡을 고르게 하며 살아가거라

욕망을 다스릴 줄 아는 너는
결코 물속에 가라앉지 않으리라

어머니의 쌍가락지

신이 맺어준 부모와 자식의 인因과 연緣
둥근 가락지는 서로의 윤회
두 개의 가락지가 만나 하나가 될 때
무한한 생명의 고리가 이어진다

거미줄에 맺힌 이슬처럼
서로를 빛내주는 무한의 인드라망 반지에
비친 얼굴은
너와 나, 우리의 모습을 담은 거울
거울 속 어머니의 미소
그 미소 안에 깃든 모자의 이야기

이제 또 다른 내가 나를 낳아 부모가 되어
새로운 생명의 고리를 만드리라
거미줄의 이슬이 서로를 비추며 순환하듯,
우리의 인연, 끝없이 이어져 생의 춤을 추리라

반지는 다시 손가락 위에 놓여
하늘 아래, 땅 위에
어머니의 숨결이 머무는 영원한 결계 속에서
신의 선물로 영원히 빛나리라

창조론, 진화론

"하나님이 자기 형상,
곧 하나님의 형상대로
사람을 창조하시되
남자와 여자를 창조하시고"
                    - 〈창세기 1장 27절, 인용〉

이후 남자와 여자의 자손 중
항문으로 배설하는 자와
입으로 배설하는 자로 나뉘더라

이 중에 어떤 이는 가슴에 꽃을 품고
어떤 이는 비수를 품었더라

슬픈 눈을 가진 여인을 보았네 1
- 에피소드 1

짙은 눈썹, 깨끗한 이마
언제든 쏟아질 듯한 호수 같은 큰 눈망울 속
깊게 깃든 우수憂愁,
앙다문 입술은 단호했고
그 눈동자엔 슬픔이 넘친다

남편의 폭력 끝에 이혼하고
두 아들을 사고로 잃은 여인,
겨우 피어난 새 인연마저 심장병으로
허망하게 떠났다

여름 장대비보다 굵은 비가
그 눈에서 쏟아져 온몸을 적시고
현실의 삶을 침묵시킨다

누가, 어느 누가
이 삶의 잣대를 함부로 댈 수 있으랴

산사 처마에도 장대비가 내린다
비에 젖은 법복法服 위로
무거운 생업生業이 흘러내린다

말끔히 깎인 머리
불상 앞에 조용히 고개를 떨구며
결계結界 안으로 천천히 스민다

슬픈 눈을 가진 여인을 보았네 2
- 에피소드 2

힘들진 않니?
밥은 잘 먹고 있니?
잘 때 춥진 않니?
힘들면, 언제든 오너라

"사랑한다, 딸아"

아버지의 물음에
여인은 아무 말이 없다

돌아서며 그녀의 눈에 맺힌 건
속세에 남겨진 앙금,
그림자처럼 따라오는 미련,

아버지의 뒷모습을 보며
두 손 모아 합장하는 가련한 여인
끊어진 염주 알처럼 눈물이 하염없이 흐른다

속세와 연을 끊으려 출가한 이 여인에게
그 어떤 신이 슬픔을 보듬어 줄 수 있을까

여인이여, 여승이여
생의 무거운 업業이여

슬픈 눈을 가진 여인을 보았네 3
- 에피소드 3

절간의 흔들리는 풍경風磬 아래
빗방울이 한없이 떨어진다
언제라도 풍경 아래 매달린 물고기는
물이 차면 언제든 물속으로 들어갈 태세다

마당을 쓸던 노인은
비가 오기를 기다렸다는 듯
마당에 튀어나온 크고 작은
돌멩이들을 갈퀴로 긁어낸다

빗소리와 뒤엉켜 여승女僧은
두 손 모아 합장하며 불경을 읽는다
노인을 보는 여승의 번뇌는
불경의 시야를 가로막는다

행여 돌부리에 걸려 딸이 넘어질까
돌부리를 캐는 노인을 지켜보며
눈물은 비처럼 흩어진다

"본래무일물本來無一物"
세상의 그 어떤 신이 부녀父女의 연緣을 막을까?
한 줌의 연緣은 숙명처럼 이어지리라

[註說]
本來無一物 : 본래 집착할 물건이 하나도 없었다는 불교 용어

미물성도微物聖徒

펼친 성경책 속에

개미 한 마리

기어가는 것을

확인 못 하고

성경책을 덮는다

아뿔싸!

오늘 성도 하나를

천국으로

보냈구나

신神의 저울질

"이는 노아의 홍수에 비하리로다
내가 다시는 노아의 홍수로 땅 위에
범람치 않게 하리라."
― 〈이사야 54장 9절, 일부 인용〉

운명의 중력에 이끌려
땅에 머리를 조아리며 사는 것들,
발 달린 것들,
자신의 무게로 중력에 짓눌려
땅에 빌붙어 사는 것들,

숭고한 자들은 금빛 하늘 아래서
빛을 쫓아 나가고,
천박한 자들은 어둠 속에서 이빨을 드러내며
서로를 잡아먹는다

숭고와 천박,
빛과 어둠의 끝없는 운명의 쳇바퀴 속에서
하늘은 그저 무심히 지켜보고
새로운 시험을 던지며
인류의 창조와 멸망을 저울질한다

견우와 직녀
- 오랜 이별 그 후

견우와 직녀는
오랜 이별의 고통 후 다시 만났지만
전혀 행복하지는 않았다

각자가 홀로 살아온 삶의 성향들
식성, 문화, 성격, 종교, 이념들은
그들이 각자 사는 세상으로 내몰았고
만남의 기쁨은 잠시였을 뿐
오랜 이별 앞에 애틋함과 사랑도 무뎌진다

과거 그리움의 눈물은 비가 되고
내린 비로 인해 홍수가 되어 사람이 죽어갔다
이제 더 이상 비가 내리지 않는다
둘 사이에는 사랑도, 그리움도 사라지고
각자의 삶에 행복해하는 현실에
옥황상제가 내린 형벌은 강제 이별이 아닌
개인의 삶을 바꾼 현실이었기 때문이다

견우와 직녀 사이에는
오작교조차 존재하지 않았다
까치와 까마귀도 더 이상 할 일이 없었다
이별의 시간에도 슬픔은 존재하지 않았고

무덤덤한 배웅을 받아들이는
현실이란 것은 사람을 변화시킨다

냉혹한 현실 앞에 사랑도, 이념도, 감정도 변해간다
변한 것은 견우와 직녀뿐이랴
그 누가 현실을 감당할까
현실은 곧 받아들임이고 감내하는 슬픔이었다

샘문시선 1066

한용운문학상 수상 기념시집

유랑인연

정승기 감성시집

발행일 _ 2025년 8월 14일
발행인 _ 이정록
발행처 _ 도서출판샘문
저 자 _ 정승기
감 수 _ 이정록
기 획 _ 박훈식
편집디자인 _ 신순옥, 한가을
인 쇄 _ 도서출판샘문
주 소 _ 서울특별시 중랑구 동일로 101길 56, 3층(면목동, 삼포빌딩)
전화번호 _ 02-491-0060 / 02-491-0096
팩스번호 _ 02-491-0040
이메일 _ rok9539@daum.net / saemteonews@naver.com
홈페이지 _ www.saemmoon.co.kr (사단법인 문학그룹샘문)
　　　　　 www.saemmoonnews.co.kr (샘문뉴스)
출판사등록 _ 제2019-26호
사업자등록증 등록 _ 113-82-76122(사단법인 도서출판샘문)
　　　　　　　　　 677-82-00408(사단법인 문학그룹샘문)
　　　　　　　　　 104-82-66182(사단법인 샘문학)
　　　　　　　　　 501-82-70801(사단법인 샘문뉴스)
　　　　　　　　　 116-81-94326(주식회사 한국문학)
샘문사이버교육원 (온라인 원격)-교육부인가 공식교육기관 _ 제320193122호
샘문평생교육원 (오프라인)-교육부인가 공식교육기관 _ 제320203133호
샘문뉴스 등록번호 _ 서울, 아52256
ISBN _ 979-11-94817-25-3

본 시집의 구성은 작가의 의도에 따랐습니다.
이 책의 저작권은 저자와 도서출판 샘문에 있습니다.
무단 전재 및 표절, 복제를 금합니다.

파손된 책은 구입처에서 교환해 드립니다.
본지는 한국간행물 윤리위원회 윤리강령 및 실천요강을 준수합니다.

문집 출간 안내

도서출판 샘문 에서는

베스트셀러 명품브랜드 〈샘문시선〉에서는 각종 시집, 시조집, 수필집, 동시집, 동화집, 소설집, 평론집, 칼럼집, 꽁트집, 수상록, 시화집, 도록, 이론서, 자서전 등 문집을 만들어 드립니다.
도서출판 샘문에서는 저자님의 소중한 작품집이 많은 독자님들에게 노출되고 검색되고 구매하여 읽히고 감상할 수 있도록 그 전 과정을 기획, 교정, 교열, 퇴고, 윤문(첨삭,감수), 디자인, 편집, 인쇄, 제본, 서점 등록(납품,유통), 언론홍보, SNS홍보 등, 출판부터 발매 까지의 전략을 함께해 드립니다.

📖 출판정보

샘문시선은 도서출판비를 30% 인하 하였습니다. 국제원자재값 폭등으로 인하여 문집 원자재인 종이값 등이 3번에 걸쳐 43% 상승하였으나 이를 반영하지 않았습니다.

- 📣 저자가 필요한 수량만큼 드리고 나머지는 서점 유통
- 📣 시집 표지는 최고급으로 제작함 – 500부 이상
- 📣 제목은 저자 요청시 금박, 은박, 에폭시로도 제작함
- 📣 면지는 앞뒤 4장, 또는 칼라 첨지로 구성해드림
- 📣 본문은 100g 미색 최고급지 사용함(눈 보안용지, 탈색방지)
- 📣 본문 200페이지 이상은 80g 사용
- 📣 저서봉투 – 고급봉투 인쇄 무료 제공
- 📣 출간된 책 광고(본 협회 =〉 홈페이지, 샘문뉴스, 내외뉴스, 페이스북 13개그룹(독자& 회원 10만명), 카페 3개, 블로그 2개, 카톡단톡방 12개, 유튜브, 카카오스토리, 인스타그램, 문예지 4개, 문학신문 등)
- 📣 견적 ▷ 인세 계약서 작성 ▷ 기획 ▷ 감수 ▷ 편집 ▷ 재감수 ▷ 재편집 ▷ 인쇄 ▷ 제본 ▷ 택배 ▷ 서점 13개업체 납품 ▷ 저자에게 납품 ▷ 유통 ▷ 홍보 ▷ 판매 ▷ 인세지급
- 📣 출판기념회는 저자 요청시 본사 문화센터(대강의실) 무료 대여 가능(70명 수용가능) 현수막, 배너, 무대 조명, 마이크, 음향, 디지털 빔, 노트북, 줌시스템, 모니터, 컴퓨터, 석수, 커피, 차, 무료 제공
- 📣 저자 요청시 저자의 작품 전국대회에서 수상한 시낭송가가 낭송하여 유튜브 동영상 제작 =〉 출판기념식 및 시담 라이브 방송
- 📣 저자 요청시 네이버 생방송 출판기념회 가능(유튜브 연동) – 네이버 라이브 커머스쇼
- 📣 뒷 표지에 QR코드 삽입가능 – 저자의 작품 시낭송 유튜브 동영상 등(요청시)
- 📣 교정, 교열, 감수, 윤필(첨삭감수), 평설, 서문 등(유명한 시인, 수필가, 소설가, 문학평론가, 항시 대기)

문집 출간 안내

📖 빅뉴스

이정록 시인의 〈산책로에서 만난 사랑〉이 네이버 선정 베스트셀러로 선정 된 이후 〈내가 꽃을 사랑하는 이유〉, 〈양눈박이 울프〉, 〈꽃이 바람에게〉, 〈바람의 애인, 꽃〉 시집이 연속 교보문고 베스트셀러에 선정 되고 5권 전부 출간 순서대로 골든존에 등극하였다. 평생 한 번도 어렵다는 자리를 이정록 시인은 5년 동안 5번에 오르고 현재도 이번 2022년 5월경에 출간된 [바람의 애인, 꽃] 영문판과 [담양장날]이 출간을 기다리고 있다

〈서창원 시인, 2회〉, 〈강성화 시인〉, 〈박동희 시인〉, 〈김영운 시인〉, 〈남미숙 시인〉, 〈최성학 시인〉, 〈이수달 시인〉, 〈김춘자 시인〉, 〈이종식 시인〉 외 한용운문학상 수상 시인인 〈서창원 수필가〉, 〈정세일 시인〉, 〈김현미 시인〉가 올랐고, 2022년 올 봄에는 〈정완식 소설가〉 「바람의 제국」이 소설집으로는 최초로 〈네이버 선정 베스트셀러〉 반열에 올랐고, 〈이동춘 시인〉에 「춘녀의 마법」 시집이 〈네이버 선정 베스트셀러〉 반열에 올랐다. 그리고 컨버전스공동시선집과 한용운공동 시선집도 간간히 베스트셀러를 하고 있는 〈베스트셀러 명품브랜드〉 「샘문시선」 이다

〈샘문시선〉은 〈베스트셀러_명품브랜드〉로서 고객님들의 〈평생가치를 지향〉하는 〈프리미엄 브랜드〉입니다. 고객이신 문인 및 독자 여러분, 단체, 기관, 학교, 기업, 기타 고객분들을 〈평생 고객〉으로 모시겠습니다. 많은 사랑 부탁드립니다

📖 샘문특전

📢 교보문고, 영풍문고, 인터파크, 알라딘, 예스24시, 11번가, Gs Shop, 쿠팡, 위메프, G마켓, 옥션, 하프클럽, 샘문쇼핑몰, 네이버 책, 네이버쇼핑몰, 네이버 샘문스토어 등 주요 오프라인 서점, 온라인 서점, 오픈마켓 서점에서 공급 및 유통하고 있습니다.

📢 기획, 교정, 편집, 디자인에 최고의 시인 및 작가, 편집가, 디자이너, 평론가, 리라이팅(첨삭 감수) 및 감수 전문가들이 참여하여 감성, 심상이 살아 있는 시집, 수필집, 소설집, 등 각종 도서를 만들어 드립니다.

📢 인쇄, 제본, 용지를 품질 좋은 우수한 것만 사용합니다.

📢 당 출판사 〈한용운공동시선집〉, 〈컨버전스공동시선집〉과 〈한국문학공동시선집〉, 〈샘문시선집〉을 자사 신문인 (샘문뉴스)와 제휴 신문인(내외신문), 글로벌뉴스와 홈페이지(2군데), 샘문쇼핑몰, 네이버 샘문스토어, 페이스북, 밴드, 카페, 블로그를 합쳐서 10만명의 회원들이 활동하는 SNS 20개 그룹·공개 지면 및 공개 공간을 통해 홍보해 드립니다.

📢 당 출판사를 통해 국립중앙도서관 및 국회도서관 및 전국 도서관에 납본하여 영구적으로 보존해 드립니다.

📢 당 문학그룹 연회비 납부 회원은 30만원 상당에 〈표지용 작품〉을 제공 받습니다.